सुरक्षा की पाठशाला

हर बच्चे के लिए ज़रूरी

प्रियंका वर्मा

डायमंड बुक्स
www.diamondbooks.in

प्रकाशक : डायमंड पॉकेट बुक्स प्रा.लि.
X-30, ओखला इंडस्ट्रियल एरिया, फेज-2
नई दिल्ली-110020
फोन : 011-40712200
ई-मेल : wecare@diamondbooks.in
वेबसाइट : www.diamondbooks.in
संस्करण : 2025

प्रस्तावना

प्रिय पाठकों,

सुरक्षा हम सभी के लिए आवश्यक है – घर पर, सड़क पर, ऑनलाइन और सार्वजनिक स्थानों पर। यह पुस्तक विशेष रूप से आपके लिए डिज़ाइन की गई है – ताकि आपको यह पहचानने में मदद मिल सके कि क्या सुरक्षित है, क्या नहीं, और बुद्धिमानी से कैसे प्रतिक्रिया दें। मज़ेदार कहानियों, सरल नियमों, वास्तविक जीवन की युक्तियों और विचारशील गतिविधियों से भरपूर यह पुस्तक आपको हर स्थिति में आत्मविश्वासी और स्मार्ट बनने में मदद करती है। चाहे आप स्कूल में हों, बाहर खेल रहे हों, या ऑनलाइन चैट कर रहे हों, याद रखें: सुरक्षित रहकर सीखना ही अच्छी तरह से जीने का तरीका है! आइए इस सुरक्षित साहसिक कार्य की शुरुआत करें ,एक साथ!

– **प्रियंका वर्मा**

विषय-सूची

अध्याय 1

आइए अपनी सुरक्षा यात्रा शुरू करें!

मीरा का आश्चर्यों से भरा दिन था यह , यह एक शनिवार की चमकीली सुबह थी। मीरा, एक 10 साल की खुशमिजाज़ और जिज्ञासु बच्ची थी, वह सप्ताहांत का बेसब्री से इंतज़ार कर रही थी। कोई स्कूल नहीं और खेलने का बहुत समय होने के कारण, उसने पहले ही अपने चचेरे भाई कबीर के साथ बैठक में एक कार्डबोर्ड रॉकेट जहाज बनाने की योजना बना ली थी। जैसे ही मीरा रंगीन कागज़ काट रही थी, दरवाज़े की घंटी बजी। "मैं देखती हूँ!" उसने दरवाज़े की ओर भागते हुए कहा। झरोखे से उसने एक डिलीवरी यूनिफॉर्म में एक आदमी को एक भूरा डिब्बा पकड़े देखा। "शर्मा हाउस के लिए डिलीवरी," उसने कहा। मीरा दरवाज़ा खोलने ही वाली थी—लेकिन रुक गई। उसकी माँ ने जो कहा था, वह उसके सिर में गूँज रहा था: "जब तक कोई बड़ा न कहे, दरवाज़ा मत खोलो।" दरवाज़ा खोलने के बजाय, मीरा अपने पिता को बुलाने दौड़ी। वे आए और पार्सल सुरक्षित रूप से ले लिया। "शाबाश, मीरा," उन्होंने मुस्कुराते हुए कहा। "सुरक्षित रहने का यही तरीका है।" कुछ दिन बाद में, मीरा और कबीर अपनी दादी के साथ

आइसक्रीम खरीदने गए। रास्ते में, उन्हें सड़क पार करनी पड़ी। कबीर जल्दी से आगे भागा। "रुको!" मीरा ने पुकारा। "चलो ज़ेब्रा क्रॉसिंग से पार करते हैं और दोनों तरफ देखते हैं।" कबीर ने आँखें घुमाईं लेकिन उसके पास वापस आ गया। वे दादी के साथ सुरक्षित रूप से पार कर गए। उस रात, रात के खाने के बाद, मीरा अपना पसंदीदा ऑनलाइन गेम खेलने बैठ गई। स्क्रीन पर एक संदेश पॉप अप हुआ: "हाय मीरा! मैंने लीडरबोर्ड पर तुम्हारा नाम देखा। क्या मेरी टीम में शामिल होना चाहती हो?"
मीरा ने नाम नहीं पहचाना। उसे अपने शिक्षक का नियम याद आया: "ऑनलाइन ऐसे लोगों से बात न करें जिन्हें आप वास्तविक जीवन में नहीं जानते।" उसने तुरंत 'ब्लॉक और रिपोर्ट' पर क्लिक किया और अपने पिता को बताया। मीरा ने उस दिन तीन स्मार्ट विकल्प चुने—और हर एक ने उसे सुरक्षित रखा।

अन्वेषण करें

सुरक्षा क्या है? सुरक्षा का अर्थ है ख़ुद को ख़तरे या नुकसान से बचाना। यह डरने के बारे में नहीं है; यह जागरूक, सतर्क और तैयार रहने के बारे में है। जब हम सुरक्षा का अभ्यास करते हैं, तो हम अपने शरीर, मन और भावनाओं को भी सुरक्षित रखने में मदद करते हैं। चाहे आप घर पर हों, स्कूल में हों, पार्क में खेल रहे हों, या इंटरनेट पर खोज कर रहे हों, सुरक्षित रहने का अर्थ है अच्छे निर्णय लेना जो आपको और आपके आस-पास के अन्य लोगों को बचाते हैं।

सुरक्षा महत्वपूर्ण क्यों है? सुरक्षा सबसे महत्वपूर्ण जीवन कौशल में से एक है। यह आपको अच्छा और बाधा रहित जीवन जीने में मदद करता है:
• चोटों या दुर्घटनाओं से बचें।
• विभिन्न स्थितियों में आत्मविश्वास बनाएँ।
• आपात स्थितियों के दौरान स्पष्ट रूप से सोचें।
• स्मार्ट रहते हुए स्वतंत्र रहें।

• दूसरों के मुसीबत में पड़ने पर उनकी मदद करें। सरल सुरक्षा नियमों को सीखकर और उनका अभ्यास करके, आप मज़बूत, समझदार और अधिक ज़िम्मेदार बनते हैं।

हमें कहाँ सुरक्षित रहने की आवश्यकता है? आइए कुछ सामान्य स्थानों और स्थितियों पर एक नज़र डालें जहाँ सुरक्षित रहना वास्तव में मायने रखता है:

स्थान/क्षेत्र	क्या देखना है
घर	आग, बिजली के तार, नुकीली वस्तुएँ, दवाएँ
स्कूल	फिसलन भरी फर्श, सीढ़ियाँ, बदमाशी, खुरदुरा खेल
खेल के मैदान	असुरक्षित झूले, अजनबी, ऊँचाई से गिरना
सड़कें	तेज़ वाहन, ट्रैफिक सिग्नल, ज़ेबरा क्रॉसिंग
ऑनलाइन	अजनबी, नकली लिंक, व्यक्तिगत जानकारी साझा करना
सार्वजनिक स्थान	खो जाना, अपरिचित लोग, भीड़भाड़ वाले इलाके

सुरक्षा केवल बड़ी आपात स्थितियों के बारे में नहीं है। यह उन दैनिक कार्यों के बारे में है जो आपको मुसीबत से बचने में मदद करते हैं।

इसे आज़माएं: अपने लिए सुरक्षा कवच

सामग्री: एक खाली शीट, क्रेयॉन या स्केच पेन

चरण:

• अपने कागज़ के केंद्र में एक बड़ी ढाल बनाएँ।

• इसे 4 भागों में बाँट दें।

• उन्हें लेबल करें: "घर," "स्कूल," "बाहर," और "ऑनलाइन।"
• प्रत्येक भाग में, उस क्षेत्र में सुरक्षित रहने के लिए आप जो दो चीज़ें करते हैं, उन्हें ड्रा या लिखें।

उदाहरण:
• घर – "मैं गर्म बर्तनों से दूर रहता हूँ।"
• स्कूल – "मैं चलता हूँ, हॉलवे में दौड़ता नहीं हूँ।"
• बाहर – "मैं अजनबियों से बात नहीं करता।"
• ऑनलाइन – "मैं अपनी फोटो कभी किसी के साथ साझा नहीं करता।"
इन्हें अपने कमरे में अपनी सुरक्षा सुपरहीरो ढाल के रूप में चिपका दें!

सोचें और विचार करें

आइए रुकें और सोचें:
• क्या आप कभी ऐसी स्थिति में रहे हैं जहाँ आपको सुरक्षित रहने के लिए तुरंत निर्णय लेना पड़ा हो?
• आपको सुरक्षा के बारे में कौन सिखाता है—माता-पिता, शिक्षक, दोस्त या कोई और?
• आपको क्या लगता है कि अभी आपके जीवन में सबसे महत्वपूर्ण सुरक्षा नियम क्या है?
• क्या आपने कभी किसी दोस्त या सहपाठी को सुरक्षित रहने में मदद की है? क्या हुआ था?
• आपको क्या लगता है कि स्कूलों, सड़कों और ऑनलाइन प्लेटफॉर्म पर नियम क्यों मौजूद हैं?
अपने उत्तर अपनी नोटबुक में लिखें या अपनी अगली कक्षा-चर्चा में उनके बारे में बात करें।

आइए दोहराएं
हमने इस अध्याय में क्या सीखा है:

✔ सुरक्षा का अर्थ है ख़ुद को नुकसान से बचाना।
✔ यह कई स्थानों पर लागू होता है—घर, स्कूल, बाहर, ऑनलाइन।
✔ सुरक्षित विकल्प चुनना बुद्धिमत्ता का संकेत है, डर का नहीं।
✔ सुरक्षा नियमों को सीखना आपको मज़बूत, स्मार्ट और तैयार महसूस करने में मदद करता है।
✔ हम सभी में अपने दैनिक जीवन में सुरक्षा नायक बनने की शक्ति हैं!

आपको सुरक्षित विकल्प चुनने के लिए बड़े होने की आवश्यकता नहीं है—आपको बस स्मार्ट और सतर्क रहने की आवश्यकता है!

ख़ुद की जाँच करें (मिनी आकलन)

A. बहुविकल्पीय प्रश्न

• सुरक्षा का क्या अर्थ है?
a) डरा हुआ होना
b) लोगों से दूर रहना
c) ख़ुद को नुकसान से बचाना ✔

• अगर कोई अजनबी ऑनलाइन आपसे आपका पता पूछे तो आपको क्या करना चाहिए?
a) उन्हें बताएं
b) इसे नज़रअंदाज़ करें
c) ब्लॉक और रिपोर्ट करें ✔

• आपको सड़क कहाँ पार करनी चाहिए?
a) ट्रैफिक के बीच में
b) ज़ेब्रा क्रॉसिंग पर ✔
c) एक खड़ी कार के पास

• आपकी सुरक्षा के लिए कौन जिम्मेदार है?

a) केवल आपके माता-पिता

b) केवल आपके शिक्षक

c) आप, विश्वसनीय वयस्कों के साथ ✔

B. सही या ग़लत

• यदि कोई आपको उपहार देने के लिए कहता है तो आपको हमेशा दरवाज़ा खोलना चाहिए। ✗

• सुरक्षा केवल तभी महत्वपूर्ण है जब आप बाहर हों। ✗

• सुरक्षा का अभ्यास करने से आपको अधिक आत्मविश्वास प्राप्त करने में मदद मिलती है। ✔

• अपने स्कूल का नाम ऑनलाइन साझा करना सुरक्षित है। ✗

C. रचनात्मक कार्य "एक बार जब मैंने एक सुरक्षित विकल्प चुना" के बारे में एक छोटा पैराग्राफ लिखें। बताएं कि क्या हुआ, आपने क्या किया, और इसने आपको या किसी और को कैसे मदद की।

पुस्तक से परे

पारिवारिक सुरक्षा चुनौती अपने परिवार के साथ बैठें और 5 घरेलू सुरक्षा नियमों की सूची बनाएँ। सूची को अपने फ्रिज़ या अपनी अध्ययन की दीवार पर चिपका दें।

उदाहरण:

• गीले हाथों से स्विच न छुएँ।

• दवाएं कैबिनेट में रखें।

• सीढ़ियों पर दौड़ें नहीं, चलें।

• तेज़ औज़ारों का उपयोग करने से पहले पूछें।

• आपातकालीन नंबरों को डायल करना जानें।

साथ ही, घर पर आग बुझाने का अभ्यास या "आपातकाल के दौरान क्या करें" का अभ्यास करें। एक योजना बनाएँ—जानें कि कहाँ से बाहर निकलना है और किसे बुलाना है।

क्यूआर कोड प्लेसहोल्डर

यहाँ स्कैन करें देखें: "स्मार्ट मीरा का सुरक्षा दिवस" – रोज़मर्रा की ज़िन्दगी में सुरक्षा विकल्पों पर एक छोटा एनिमेटेड वीडियो।]

अध्याय 2

घर पर सुरक्षित रहना

किचन अलार्म का जिज्ञासु मामला अर्जुन एक स्मार्ट और जिज्ञासु 11 साल का लड़का था जिसे घर के कामों में अपने माता - पिता की मदद करना पसंद था। एक रविवार की सुबह, उसने अपनी माँ को टोस्ट और चाय से आश्चर्यचकित करने का फैसला किया। वह रसोई में गया, चूल्हा चालू किया, और उस पर एक धातु का पैन रखा। उसे दस्ताने नहीं मिल रहे थे, इसलिए उसने केतली उठाने के लिए एक तौलिये का इस्तेमाल किया— और अचानक, तौलिये में आग लग गई! घबराकर, अर्जुन ने इसे चारों ओर घुमाया। लपटें बढ़ने लगीं। ठीक तभी, उसकी बड़ी बहन प्रिया अंदर आई। "घबराओ मत!" उसने चिल्लाया। उसने एक मोटा तौलिया पकड़ा, आग को ढँक दिया, और अर्जुन को जलते हुए कपड़े को बुझाने के लिए "रुकने, गिरने और लुढ़कने" में मदद की। उन्होंने चूल्हा बंद कर दिया, खिड़कियाँ खोलीं, और अपने माता-पिता को बुलाया। हर कोई सुरक्षित था, लेकिन

यहाँ कुछ बहुत बुरा भी हो सकता था। उस दिन, अर्जुन ने एक शक्तिशाली सबक सीखा: घर तभी एक सुरक्षित स्थान होता है, जब हम जानते हैं कि सुरक्षित कैसे रहना है।

अन्वेषण करें

आपका घर दुनिया में सबसे सुरक्षित जगह लग सकता है—लेकिन यहाँ हर कोने में ख़तरे हैं। आग, बिजली, तेज़ औज़ार, दवाएं, सफाई तरल पदार्थ—

ये सभी अगर ठीक से न संभाले जाएँ तो जोखिम भरे हो सकते हैं। यहाँ बताया गया है कि आप अपने घर के हर कमरे में सुरक्षित कैसे रह सकते हैं:

रसोई की सुरक्षा

- कभी भी अकेले खाना न बनाएँ जब तक कि कोई वयस्क यह न कहे कि यह ठीक है।
- गर्म स्टोव, पैन, ओवन और टोस्टर से दूर रहें।
- गीले हाथों से किसी भी चीज़ को न छुएँ, ख़ासकर बिजली के स्विच या गैस के नॉब।
- ढीले कपड़े न पहनें जिनमें आग लग सकती है।
- आग लगने की स्थिति में "रुकें, गिरें और लुढ़कें" सीखें:
    - दौड़ना बंद करें।
    - ज़मीन पर गिरें।
    - लपटों को बुझाने के लिए लुढ़कें।

बिजली की सुरक्षा

- बिजली के सॉकेट में कभी भी उंगलियाँ या वस्तुएँ न डालें।
- गीले हाथों से या पानी के पास उपकरणों का उपयोग न करें।
- टूटे हुए तारों या चिंगारी की तुरंत किसी वयस्क को रिपोर्ट करें।
- उपकरणों को प्लग/अनप्लग करने से पहले स्विच बंद कर दें।

नुकीली वस्तुओं की सुरक्षा

• चाकू, कैंची, ब्लेड या सुइयों से न खेलें।

• कैंची जैसी स्टेशनरी का उपयोग केवल वयस्क की अनुमति से करें।

• अकेले फल या सब्ज़ियां काटने की कोशिश न करें।

रसायन और सफाई उत्पादों की सुरक्षा

• टॉयलेट क्लीनर, कीटनाशक स्प्रे, डिटर्जेंट या एसिड से दूर रहें।

• बिना लेबल वाली बोतलों से तरल पदार्थों को सूंघें या छुएँ नहीं।

• दो सफाई तरल पदार्थों को कभी न मिलाएं—यह हानिकारक धुएं पैदा कर सकता है!

दवा की सुरक्षा

• अपनी मर्ज़ी से कभी दवा न लें—भले ही आपने इसे पहले लिया हो।

• कुछ दवाएं कैंडी जैसी दिखती हैं लेकिन ख़तरनाक हो सकती हैं।

• दवाओं को एक बंद अलमारी में, छोटे बच्चों से दूर रखें।

घर पर अजनबी सुरक्षा

• किसी ऐसे व्यक्ति के लिए दरवाज़ा न खोलें जिसे आप नहीं जानते—भले ही वे कहें "मैं गैस कंपनी से हूँ" या "मेरे पास आपके माता-पिता के लिए एक उपहार है।"

• पहले जांचने के लिए एक झरोखे या खिड़की का उपयोग करें।

• यदि कुछ गड़बड़ लगता है तो तुरंत किसी विश्वसनीय वयस्क को बुलाएं।

खिलौना और फर्नीचर सुरक्षा

• कुर्सियों या आलमारियों पर न चढ़ें—आप गिर सकते हैं।

• फर्श को साफ रखें और खिलौनों को उठाकर रखें ताकि कोई ठोकर न खाए।

• भारी वस्तुओं को न खींचें जो आप पर गिर सकती हैं।

बाथरूम सुरक्षा

• फिसलन भरे फर्श गिरने का कारण बन सकते हैं,धीरे- धीरे और सावधानी से चलें।

• शॉवर या टब के अंदर एक गैर-फिसलन चटाई का उपयोग करें।

• बहुत ग़र्म पानी न लें—पहले तापमान जांच लें।

इसे आज़माएं: "ख़तरों को पहचानें" गतिविधि

निर्देश: अपने घर के चारों ओर देखें। एक नोटबुक का उपयोग करके एक **सूची बनाएं:**

• 3 सुरक्षित चीजें जो आप देखते हैं (जैसे, प्लग कवर, व्यवस्थित खिलौने, सूखी फर्श)

• 3 असुरक्षित चीज़ें जो आप देखते हैं (जैसे, फर्श पर तार, खुली दवाओं की बोतलें, रसोई की कैंची बाहर पड़ी हुई) तो अपने माता-पिता से बात करें कि असुरक्षित वस्तुओं को कैसे व्यवस्थित किया जाए ताकि उनसे किसी को कोई नुकसान न हो।आप अब घर पर एक जूनियर सुरक्षा निरीक्षक हैं!

सोचें और विचार करें

• आपके घर का कौन सा कमरा आपको सबसे ख़तरनाक लगता है? और क्यों?

• क्या आपने कभी घर पर किसी दुर्घटना को रोकने में मदद की है? आपने क्या किया?

• जब आपको घर पर असुरक्षित महसूस होता है तो आप किसके पास जाते हैं?

• आज आप अपने घर को अधिक सुरक्षित रखने के लिए कौन सी एक आदत शुरू कर सकते हैं?

अपने उत्तर अपनी सुरक्षा डायरी में लिखें या कक्षा में साझा करें।

आइए दोहराएं

आइए जल्दी से मुख्य बातों को याद करें:

✔ वयस्क की मदद के बिना कभी भी आग, बिजली या तेज़ औज़ारों का उपयोग न करें।
✔ स्विच और उपकरणों के पास गीले हाथों से बचें।
✔ फर्नीचर पर न चढ़ें या सफाई की वस्तुओं से न खेलें।
✔ दवा को पहुँच से दूर रखें और कोई भी दवा लेने से पहले पूछें।
✔ जब कोई अजनबी दस्तक दे तो न कहना सीखें और किसी वयस्क को सतर्क करें। आपका घर तभी सुरक्षित है जब आप हर दिन सुरक्षित विकल्प चुनते हैं।

ख़ुद की जाँच करें (मिनी आकलन)

A. बहुविकल्पीय प्रश्न

• यदि आपके कपड़ों में आग लग जाए तो आपको क्या करना चाहिए?

a) तेज़ी से दौड़ें
b) पानी डालें
c) रुकें, गिरें और लुढ़कें ✔

• बाथरूम में क्या ख़तरा है?

a) तेज रोशनी
b) गीली फर्श ✔
c) दर्पण

• इनमें से किसे नहीं छूना चाहिए?

a) टूथपेस्ट
b) प्लग सॉकेट ✔

c) पानी की बोतल

• यदि कोई अजनबी दरवाज़े पर आए तो आप क्या करेंगे?
a) दरवाज़ा खोलें
b) झरोखे से देखें और किसी वयस्क को बुलाएँ ✔
c) उन पर चिल्लाएं

B. सही या ग़लत
• यदि आप सावधान हैं तो आप गीले हाथों से प्लग छू सकते हैं। ✗
• दवाएं केवल वयस्क मार्गदर्शन में ही लेनी चाहिए। ✔
• दो सफाई तरल पदार्थों को मिलाना सुरक्षित है। ✗
• यदि रसोई में कुछ अजीब गंध आ रही है तो आपको माता-पिता को बताना चाहिए। ✔

C. रचनात्मक कार्य अपनी रसोई या लिविंग रूम का एक चित्र बनाएँ। सुरक्षित क्षेत्रों को ✔ और असुरक्षित क्षेत्रों को ✗ से चिह्नित करें। फिर, कुछ वाक्य लिखें कि आप अपने घर को कैसे अधिक सुरक्षित बना सकते हैं।

पुस्तक से परे

पारिवारिक सुरक्षा मानचित्र परियोजना अपने परिवार के साथ एक घर सुरक्षा मानचित्र बनाएँ।
• अपने घर का फ्लोर प्लान बनाएँ।
• चिह्नित करें:
   o आग से बचने का मार्ग
   o आपातकालीन नंबर
   o सुरक्षित मिलने का स्थान
   o प्राथमिक उपचार बॉक्स का स्थान

अपने परिवार के साथ एक त्वरित अग्नि अभ्यास या भूकंप अभ्यास का

अभ्यास करें। यह छोटी सी परियोजना वास्तविक आपातकाल में जान बचा सकती है!

क्यूआर कोड प्लेसहोल्डर

[यहाँ स्कैन करें देखें: "घर पर अग्नि सुरक्षा – अर्जुन और प्रिया के साथ सीखें!"]

अध्याय 3

बाहर सुरक्षित

पार्क, सड़कें और सार्वजनिक स्थान

कबीर और पतंग का रोमांच कबीर और उसके दोस्त उत्साहित थे। रविवार था, और सामुदायिक पार्क आसमान में नाचती पतंगों से भरा हुआ था। कबीर अपनी नई लाल पतंग लेकर पार्क के बीच में भागा, एक साइक्लिस्ट के तेज़ी से गुज़रने पर ध्यान नहीं दिया। वह ठोकर खा गया—और बाल-बाल बचा! बाद में, एक भागी हुई पतंग का पीछा करते हुए, कबीर सड़क पार कर उसके पीछे भागा। शुक्र है, उसका दोस्त तारा पीछे से चिल्लाया, "कबीर, रुको! कारों को देखो!" तभी एक तेज़ी से आती ऑटो रिक्शा गुज़री—ठीक उसी जगह से जहाँ कबीर होता। उस शाम, एक सुरक्षा गार्ड को झूले के पास एक बच्चा रोता हुआ मिला। लड़का अपने माता-पिता से भटक गया था और उसे पता नहीं था कि क्या करना है। कबीर और तारा ने उसे शांत रहने में मदद की और गार्ड से मदद मांगी। पार्क, सड़क और

सार्वजनिक स्थान मज़ेदार हैं—लेकिन वहां सुरक्षित रहने के लिए एक स्मार्ट सोच की भी आवश्यकता होती है।

अन्वेषण करें

बाहरी मज़ा, बाहरी नियम बाहर रहना स्वस्थ और मजेदार है! हम खेलते हैं, खोजते हैं, चलते हैं और नई चीजें सीखते हैं। लेकिन इसका मतलब यह भी है कि हम वाहनों, अजनबियों और खुले क्षेत्रों के आसपास हैं। बाहर सुरक्षित रहने का मतलब है:

- अपने **आस-पास** को जानना
- **ध्यान** देना
- **नियमों** का पालन करना
- कार्य करने से पहले **सोचना**

सड़क सुरक्षा नियम सड़कें ख़तरनाक हो सकती हैं यदि उनका बुद्धिमानी से उपयोग न किया जाए। आइए बच्चों के लिए सुनहरे नियमों को तोड़ते हैं:

- सड़क पार करने के लिए ज़ेब्रा क्रॉसिंग या पैदल यात्री संकेतों का उपयोग करें।
- पार करने से पहले बाएं, दाएं और फिर से बाएं देखें।
- यदि आप 12 वर्ष से कम हैं तो किसी वयस्क का हाथ पकड़ें।
- सड़क पर नहीं, फुटपाथ पर चलें।
- रात में चलते या साइकिल चलाते समय चमकीले रंग या रिफ्लेक्टर पहनें।
- सड़क पर कभी खेलें नहीं या गेंदों का पीछा करते हुए ट्रैफिक में न जाएं।
- जहाँ उपलब्ध हों, फुट ओवरब्रिज या अंडरपास का उपयोग करें।

मज़ेदार तथ्य: कई देशों में, सड़क को किसी भी यादृच्छिक स्थान पर पार करने को "जेवॉकिंग" कहा जाता है—और यह सिर्फ असुरक्षित नहीं है, यह

अवैध भी है!

पार्क सुरक्षा नियम पार्क खेलने के लिए बहुत अच्छे हैं—लेकिन यदि आप सतर्क नहीं हैं तो वे जोखिम भरे भी हो सकते हैं।

- आयु-उपयुक्त झूले, स्लाइड और सवारी का उपयोग करें।
- खेल के मैदान पर धक्का न दें या जल्दी न करें।
- उपयोग करने से पहले जांच लें कि सतहें गर्म या टूटी तो नहीं हैं।
- तालाबों, फव्वारों या जल निकायों के पास सावधान रहें।
- परिवार या विश्वसनीय वयस्कों के करीब रहें।
- अजनबियों से भोजन, खिलौने या गुब्बारे स्वीकार न करें—भले ही वे दोस्ताना दिखें।
- यदि आपको चोट लगती है या असहज महसूस होता है, तो तुरंत बोलें।

सार्वजनिक स्थानों की सुरक्षा (बाजार, मॉल, स्टेशन) सार्वजनिक क्षेत्र अक्सर भीड़भाड़ वाले होते हैं। खो जाना या अलग हो जाना डरावना हो सकता है।

- हमेशा अपने परिवार की नज़र में रहें।
- अपना पूरा नाम, फोन नंबर और पता याद रखें।
- यदि खो जाएं, तो एक ही जगह पर रहें और मदद के लिए पुलिस अधिकारी, दुकानदार या सुरक्षा गार्ड से पूछें।
- दौड़ें या छिपें नहीं—दिखाई दें।
- अपने परिवार को खोजने के लिए कभी भी इमारत या क्षेत्र से बाहर न निकलें।

टिप: माता-पिता आपकी जेब या बैग में एक छोटा आईडी कार्ड आपातकालीन संपर्क विवरण के साथ पिन कर सकते हैं।

बाहर अजनबी सुरक्षा अजनबी वे लोग होते हैं जिन्हें आप नहीं जानते।

सभी अजनबी बुरे नहीं होते—लेकिन सावधान रहना महत्वपूर्ण है।
• किसी ऐसे व्यक्ति के साथ कहीं न जाएं जिसे आप नहीं जानते—भले ही वे कहें "तुम्हारी माँ ने मुझे भेजा है।"
• अजनबियों से भोजन, उपहार या सवारी स्वीकार न करें।
• यदि कोई आपको पकड़ने की कोशिश करता है या आपको असहज महसूस कराता है:

o **चिल्लाओ:** "नहीं! मुझे अकेला छोड़ दो!"
o लोगों से घिरे सुरक्षित स्थान पर भागो।
o जल्द से जल्द किसी विश्वसनीय वयस्क को बताओ।

आपातकालीन जानकारी जानें जो हर बच्चे को पता होनी चाहिए:
• उनका पूरा नाम
• माता-पिता के नाम
• पूरा घर का पता
• कम से कम एक मोबाइल नंबर
• स्थानीय पुलिस हेल्पलाइन: 100 या 112
• चाइल्ड हेल्पलाइन (भारत): 1098 अपने परिवार के साथ महीने में एक बार इसका अभ्यास करें!

इसे आज़माएं: "सुरक्षा रोलप्ले"

अपने दोस्तों के साथ, इन छोटी सुरक्षा स्थितियों का अभिनय करें:
• आप एक व्यस्त सड़क पार करने की कोशिश कर रहे हैं।
• आप एक मेले में हैं और अपने माता-पिता की नज़र से ओझल हो गए हैं।
• एक अजनबी आपको आइसक्रीम दे रहा है।
• आप स्लाइड से गिर गए और आपके घुटने में चोट लग गई।
अब, भूमिकाएं बदलें और फिर से अभिनय करें। बाद में, आपने क्या सीखा,

इस पर बात करें। यह आपको मजेदार तरीके से तैयारी करने में मदद करता है!

सोचें और विचार करें

• क्या आपने कभी बाहर असुरक्षित महसूस किया है? आपने क्या किया?
• आपको क्या लगता है कि पार्कों में सवारी पर आयु लेबल क्यों होते हैं?
• क्या अजनबियों पर हमेशा भरोसा किया जा सकता है यदि वे यूनिफॉर्म पहनते हैं?
• अपने माता-पिता का फोन नंबर याद रखना क्यों महत्वपूर्ण है?
• यदि आपका दोस्त सड़क पर दौड़ना शुरू कर दे तो आप क्या करेंगे?
अपने विचार लिखें या किसी शिक्षक या माता-पिता के साथ उन पर चर्चा करें।

आइए दोहराएं

आइए मुख्य बातों की समीक्षा करें:
✔ सड़कें सावधानी से पार की जानी चाहिए: ज़ेब्रा क्रॉसिंग का उपयोग करें, शॉर्टकट का नहीं।
✔ पार्कों में, धक्का न दें या अजनबियों से चीजें स्वीकार न करें।
✔ भीड़भाड़ वाले सार्वजनिक स्थानों पर वयस्कों के पास रहें।
✔ कभी भी किसी अजनबी के साथ न जाएं—भले ही वे कहें कि यह ज़रूरी है।
✔ अपनी आपातकालीन जानकारी को नियमित रूप से सीखें और अभ्यास करें।

अध्याय 4

ऑनलाइन सुरक्षा

स्मार्ट बच्चे, सुरक्षित क्लिक

रहस्यमयी संदेश रिया अपना होमवर्क ख़त्म करने के बाद ऑनलाइन गेम खेलना पसंद करती थी। एक शाम, अपने टैबलेट पर एक गेम खेलते हुए, एक संदेश पॉप अप हुआ: "हाय रिया! मुझे तुम्हारा अवतार पसंद आया। तुम्हारा असली नाम क्या है? आओ कभी मिलते हैं!" रिया रुक गई। वह इस व्यक्ति को नहीं जानती थी। संदेश दोस्ताना लग रहा था, लेकिन कुछ अजीब सा लगा। उसे अपने शिक्षक की बात याद आई: "ऑनलाइन अजनबी वास्तविक जीवन के अजनबियों जैसे ही होते हैं—कभी-कभी खतरनाक।" तो, रिया ने स्मार्ट काम किया। उसने उपयोगकर्ता को ब्लॉक कर दिया, एक स्क्रीनशॉट लिया और अपनी माँ को बताया। साथ में, उन्होंने संदेश की रिपोर्ट की और गोपनीयता सेटिंग्स की जांच की। रिया को गर्व महसूस हुआ—वह ऑनलाइन सुरक्षित रही थी!

अन्वेषण करें

हमारे चारों ओर डिजिटल दुनिया है हम सीखने, खेलने, देखने, खोजने और जुड़ने के लिए इंटरनेट का उपयोग करते हैं। यह रोमांचक चीज़ों से भरी एक अद्भुत जगह है। लेकिन वास्तविक दुनिया की तरह ही, डिजिटल दुनिया में भी नियम, ख़तरे और सुरक्षित क्षेत्र हैं। ऑनलाइन सुरक्षित रहने का **मतलब है:**

- क्लिक करने से पहले सोचना
- यह जानना कि क्या साझा करना ठीक है
- ऑनलाइन अजनबियों से बचना
- अपनी व्यक्तिगत जानकारी की रक्षा करना
- उन चीजों की रिपोर्ट करना जो आपको असहज महसूस कराती हैं

ऑनलाइन अजनबी खतरा ऑनलाइन अजनबी बच्चे होने का नाटक कर सकते हैं या आपको फंसाने के लिए अच्छी बातें कह सकते हैं। इसे ऑनलाइन ग्रूमिंग कहा जाता है और यह बहुत खतरनाक हो सकता है।

कभी साझा न करें:

- आपका पूरा नाम
- पता या फ़ोन नंबर
- स्कूल का नाम
- दैनिक दिनचर्या (जैसे आप कहाँ खेलते हैं या जाते हैं)
- आपकी फोटो या पारिवारिक तस्वीरें
- पासवर्ड (दोस्तों के साथ भी नहीं)

याद रखें: यदि कोई ऑनलाइन कहता है, "अपने माता-पिता को मत बताना," तो यह एक लाल झंडा है!

ऑनलाइन सामग्री सुरक्षा इंटरनेट पर लाखों वीडियो, गेम, वेबसाइट और संदेश हैं। कुछ मज़ेदार और सहायक हैं। अन्य हो सकते हैं:

• डरावने
• हिंसक
• ख़राब भाषा से भरपूर
• नकली या भ्रामक
• बच्चों के लिए असुरक्षित यदि आपको कभी कुछ ऐसा दिखाई देता है जो **आपको असहज महसूस कराता है:**
• पेज या ऐप को बंद करें
• किसी विश्वसनीय वयस्क से बात करें
• इसे आगे या साझा न करें

टिप: YouTube देखते समय या माता-पिता के साथ ब्राउज़ करते समय "सुरक्षित मोड" या बाल फिल्टर का उपयोग करें।

ऑनलाइन गेम्स और चैट सुरक्षा आजकल कई गेम आपको इसकी अनुमति देते हैं:
• अन्य खिलाड़ियों के साथ चैट करें
• टीमों में शामिल हों
• आइटम व्यापार करें
• उपलब्धियों को साझा करें यह मजेदार लगता है—लेकिन अजनबी चैट्स का उपयोग आपको फंसाने के लिए कर सकते हैं।

हमेशा:
• अपने असली नाम का नहीं, बल्कि उपनाम का उपयोग करें
• उन लोगों के साथ खेलें जिन्हें आप जानते हैं
• यदि संभव हो तो सार्वजनिक चैट बंद करें
• खराब व्यवहार को ब्लॉक और रिपोर्ट करें

कभी नहीं:
• फोटो या वीडियो साझा करें

• ऑफ़लाइन किसी से मिलने के लिए सहमत हों
• ऑनलाइन खिलाड़ियों से उपहार या पैसा स्वीकार करें

ईमेल, लिंक और डाउनलोड आपको ईमेल या पॉप-अप प्राप्त हो सकते हैं जिनमें कहा गया हो:
• "आपने एक पुरस्कार जीता है!"
• "अपना मुफ्त गेम पाने के लिए क्लिक करें!"
• "आपके कंप्यूटर में एक वायरस है—यहाँ क्लिक करें!" ये ज्यादातर घोटाले या मैलवेयर हैं। यदि आप क्लिक करते हैं, तो हैकर्स आपकी जानकारी चुरा सकते हैं। क्या करें?
• संदिग्ध लिंक पर कभी क्लिक न करें
• अज्ञात ईमेल या अटैचमेंट न खोलें
• कुछ भी डाउनलोड करने से पहले किसी माता-पिता से पूछें
• एंटीवायरस सॉफ्टवेयर और सुरक्षित ब्राउज़र का उपयोग करें

ऑनलाइन शॉपिंग और पैसा कुछ वेबसाइट या गेम पैसे मांगते हैं:
• सिक्के खरीदने के लिए
• स्तर अनलॉक करने के लिए
• पुरस्कार या विशेष आइटम प्राप्त करने के लिए आपको अपने माता-पिता से पूछे बिना ऑनलाइन कुछ भी नहीं खरीदना चाहिए।
अपने माता-पिता के कार्ड का अनुमति के बिना उपयोग करना भी सुरक्षित नहीं है और सही नहीं है।

सोशल मीडिया स्मार्टनेस आजकल के बच्चे इंस्टाग्राम, व्हाट्सएप, स्नैपचैट और यूट्यूब जैसे ऐप्स का उपयोग करना पसंद करते हैं। लेकिन ये प्लेटफॉर्म बड़े किशोरों (आमतौर पर 13+) के लिए हैं। यदि आप उनका परिवार के साथ उपयोग करते हैं:
✔ केवल वही साझा करें जो ठीक है
✔ प्रोफाइल को निजी रखें

✔ अजनबियों से बात करने से बचें

✔ पोस्ट करने से पहले सोचें पोस्ट न करें:

• आपका स्थान या पता

• स्कूल यूनिफॉर्म

• व्यक्तिगत समस्याएं

• अनुमति के बिना वीडियो जो ऑनलाइन जाता है वह हमेशा के लिए ऑनलाइन रहता है!

इसे आज़माएं: ऑनलाइन सुरक्षा चेकलिस्ट

शीर्षकों के साथ एक 2-स्तंभ चार्ट बनाएँ:

• ✔ सुरक्षित ऑनलाइन आदतें

• ✗ असुरक्षित ऑनलाइन आदतें

प्रत्येक कॉलम में कम से कम 3 आइटम भरें। उदाहरण:

✔ सुरक्षित ऑनलाइन आदतें	✗ असुरक्षित ऑनलाइन आदतें
क्लिक करने से पहले माता-पिता को बताएं	यादृच्छिक पॉप-अप विज्ञापनों पर क्लिक करें
मजबूत पासवर्ड का उपयोग करें	हर जगह एक ही पासवर्ड का उपयोग करें
अजनबियों को ब्लॉक/रिपोर्ट करें	ऑनलाइन अजनबियों से निजी तौर पर बात करें

इसे अपने कंप्यूटर या टैबलेट के पास एक दैनिक अनुस्मारक के रूप में चिपका दें!

सोचें और विचार करें

• क्या आपने कभी ऑनलाइन कुछ ऐसा देखा है जिसने आपको असहज महसूस कराया हो? आपने क्या किया?
• आपको क्या लगता है कि किसी ऐसे व्यक्ति से व्यक्तिगत रूप से मिलना ख़तरनाक क्यों है जिसे आप केवल किसी गेम या एप से जानते हैं?
• हमें एप्स डाउनलोड करने या लिंक पर क्लिक करने से पहले क्यों पूछना चाहिए?
• क्या कोई ऑनलाइन आपकी उम्र का होने का नाटक कर सकता है? आपको क्या करना चाहिए?
• आप कैसे जानते हैं कि कोई वेबसाइट या वीडियो सुरक्षित और बच्चों के अनुकूल है?

आइए दोहराएं

आइए महत्वपूर्ण बिंदुओं को याद करें:

✔ अपनी व्यक्तिगत जानकारी ऑनलाइन साझा न करें।
✔ अजनबियों या ख़राब संदेशों को ब्लॉक और रिपोर्ट करें।
✔ संदिग्ध लिंक या ईमेल पर कभी क्लिक न करें।
✔ अनुमति के बिना ऑनलाइन डाउनलोड या ख़रीदारी न करें।
✔ सोशल मीडिया पर पोस्ट करने से पहले सोचें। डिजिटल रूप से स्मार्ट होना आपको ऑनलाइन दुनिया में सुरक्षित और आत्मविश्वासी रखता है।

ख़ुद की जाँच करें

A. बहुविकल्पीय प्रश्न

• यदि कोई ऑनलाइन आपसे आपका पता पूछे तो आपको क्या करना

चाहिए?

a) इसे तुरंत दें

b) किसी दोस्त से पूछें

c) ब्लॉक और रिपोर्ट करें ✔

- **फिशिंग ईमेल क्या है?**

a) एक मजेदार वीडियो

b) एक संदेश जो आपको क्लिक करने के लिए छल करता है ✔

c) एक गेम अपडेट

- **आपको ऑनलाइन फोटो क्यों नहीं साझा करनी चाहिए?**

a) वे उबाऊ होते हैं

b) वे बहुत अधिक डेटा का उपयोग करते हैं

c) उनका दुरुपयोग किया जा सकता है ✔

- **आपको ऑनलाइन सुरक्षित रहने में कौन मदद कर सकता है?**

a) केवल इंटरनेट

b) विश्वसनीय वयस्क ✔

c) अन्य ऑनलाइन खिलाड़ी

B. सही या ग़लत

- ऑनलाइन अपने स्कूल का नाम देना ठीक है। ✗
- चैट सुविधाओं वाले गेम जोखिम भरे हो सकते हैं। ✔
- सोशल मीडिया हमेशा सुरक्षित होता है। ✗
- ख़राब वेबसाइटों की रिपोर्ट की जानी चाहिए। ✔

C. रचनात्मक कार्य एक ऑनलाइन सुरक्षा सुपरहीरो डिज़ाइन करें!

- उन्हें नाम दें (उदाहरण के लिए, साइबरशील्ड, नेटसेफ निंजा)
- उनकी वेशभूषा और गैजेट बनाएँ

• एक कॉमिक पैनल लिखें: दिखाएँ कि वे कैसे एक अजनबी को एक बच्चे को ऑनलाइन छल करने से रोकते हैं
अपनी ड्राइंग कक्षा में या दोस्तों के साथ साझा करें!

पुस्तक से परे

पारिवारिक डिजिटल समझौता अपने परिवार के साथ बैठें और एक सरल "इंटरनेट उपयोग समझौता" बनाएँ। शामिल करें:

- समय सीमा
- अजनबियों से बात न करें
- डाउनलोड करने से पहले पूछें
- गोपनीयता सेटिंग्स की जाँच करें
- साप्ताहिक "डिजिटल डिटॉक्स" समय (प्रति दिन 2 घंटे स्क्रीन नहीं)

इसे लिखें, हस्ताक्षर करें और कंप्यूटर/टैबलेट के पास रख दें! अब आपका परिवार एक साइबर-सेफ स्क्वाड है!

क्यूआर कोड प्लेसहोल्डर
[**स्कैन करके देखें:** "रिया का स्मार्ट क्लिक – ऑनलाइन सुरक्षा की कहानी"]

अध्याय 5

अजनबी, चालें और जाल

"ना!" कहना सीखें

एक बहुत जोखिम भरी सवारी आरव अपने बड़े भाई का इंतज़ार कर रहा था कि वह उसे लेने आए। एक लाल कार में एक आदमी आया और खिड़की नीचे की। "अरे," आदमी मुस्कुराया। "मैं तुम्हारे चाचा का दोस्त हूँ। उन्होंने मुझे तुम्हें घर ले जाने के लिए कहा।
अंदर आओ!" आरव हिचकिचाया। आदमी दोस्ताना लग रहा था। वह आरव का नाम भी जानता था! लेकिन कुछ ठीक नहीं लगा। आरव एक कदम पीछे हटा, अपना स्कूल बैग पकड़ा, और स्कूल कार्यालय के अंदर भागा। "बाहर एक अजनबी है जो मुझे अपनी कार में आने के लिए कह रहा है," उसने रिसेप्शनिस्ट को बताया। अजनबी जल्दी से गाड़ी चलाकर चला गया। बाद में, यह पता चला कि आरव के लिए किसी ने कार नहीं भेजी थी। उसकी सतर्क सोच ने ही शायद उसकी जान बचाई।

इसे आज़माएं: अजनबी सुरक्षा रोलप्ले

किसी दोस्त या भाई-बहन के साथ, इन स्थितियों का अभिनय करें:
• कोई आपको स्कूल के गेट के पास कैंडी दे रहा है।
• एक आदमी कहता है कि वह एक टैक्सी ड्राइवर है और उसे आपको लेने के लिए भेजा गया था।
• एक महिला आपको बताती है कि उसने अपनी बिल्ली खो दी है और उसे मदद की जरूरत है।
• पार्क में एक किशोर आपको "मजेदार खेल" के लिए एक पेड़ के पीछे आने के लिए कहता है। प्रत्येक अभिनय के बाद, रुकें और पूछें: "आप वास्तव में क्या करेंगे?" फिर, चिल्लाने का अभ्यास करें: "नहीं! मुझे मदद चाहिए!"

सोचें और विचार करें

• आपको क्या लगता है कि कुछ अजनबी आपका भरोसा जीतने के लिए चालों का उपयोग क्यों करते हैं?
• कभी-कभी "ना" कहना मुश्किल क्यों होता है?
• जब कुछ ठीक नहीं लगता तो आपके शरीर में कैसा महसूस होता है?
• आपातकाल में आप किन 3 विश्वसनीय वयस्कों के पास जा सकते हैं?
अपने विचार "सुरक्षा जर्नल" में लिखें या किसी बड़े से उनके बारे में बात करें।

आइए दोहराएं

आइए इस अध्याय से मुख्य बातों की समीक्षा करें:
✔ एक अजनबी वह व्यक्ति है जिसे आप नहीं जानते या जिस पर भरोसा नहीं करते—भले ही वे दोस्ताना लगें।
✔ कुछ अजनबी आपको लुभाने के लिए चालों का उपयोग करते हैं—कभी भी उनके झांसे में न आएं।

✔ जोर से ना कहना, सुरक्षित स्थान पर भागना, और किसी विश्वसनीय वयस्क को बताना सीखें।
✔ सुरक्षित वयस्क वे लोग होते हैं जिन्हें आपका परिवार जानता है और उन पर भरोसा करता है।
✔ आपको हमेशा सुरक्षित महसूस करने का अधिकार है।

ख़ुद की जाँच करें

A. बहुविकल्पीय प्रश्न

• यदि कोई अजनबी आपको कैंडी दे तो आपको क्या करना चाहिए?
a) इसे विनम्रता से लें
b) ना कहें और दूर चले जाएं ✔
c) और मांगें

• सुरक्षित वयस्क कौन है?
a) पार्क में एक यादृच्छिक आदमी
b) एक दोस्त का चाचा जिसे आप कभी नहीं मिले हैं
c) आपका स्कूल शिक्षक ✔

• यदि कोई कहता है "अपने माता-पिता को मत बताना," तो आपको चाहिए:
a) इसे एक रहस्य रखें
b) तुरंत अपने माता-पिता को बताएं ✔
c) इसके बारे में बाद में सोचें

• अजनबियों से सुरक्षित रहने का सबसे अच्छा तरीका क्या है?
a) अपनी भावनाओं पर भरोसा करें ✔
b) सभी का पालन करें
c) शॉर्टकट लें

B. सही या ग़लत

• आपको हमेशा एक अजनबी की मदद करनी चाहिए जो कहता है कि उसने अपना कुत्ता खो दिया है। ✗

• किसी ऐसे व्यक्ति को "ना" कहना ठीक है जो आपको असहज महसूस कराता है। ✔

• यदि कोई आपका नाम जानता है, तो उसे सुरक्षित होना चाहिए।✗

• माता-पिता को जो कुछ भी होता है वह बताना एक अच्छी आदत है। ✔

C. रचनात्मक कार्य अजनबी सुरक्षा ढाल बनाएँ! एक बड़ी ढाल बनाएँ। इसे 4 भागों में बाँटें:

• एक अजनबी चाल जिसे आप जानते हैं

• आपके सुरक्षित वयस्क

• जब आप असुरक्षित महसूस करें तो क्या कहना है

• मदद के लिए आप किन स्थानों पर दौड़ सकते हैं इसे चमकीले रंगों से रंगें और अपने स्कूल बैग या कमरे में रखें।

पुस्तक से परे

पारिवारिक कोड वर्ड चुनौती अपने माता-पिता के साथ एक गुप्त "पारिवारिक पासवर्ड" बनाएँ।

• यदि कोई कहता है कि उसे आपके माता-पिता ने भेजा है, तो कोड वर्ड पूछें।

• यदि वे इसे नहीं जानते—तो भाग जाएं! मज़ेदार रोल-प्ले के साथ महीने में एक बार इसका उपयोग करने का अभ्यास करें। आपका कोड वर्ड कुछ ऐसा हो सकता है: "ब्लू टाइगर" या **"पिज़्ज़ा रॉकेट"** यह छोटा कदम एक बड़े खतरे को रोक सकता है।

क्यूआर कोड प्लेसहोल्डर

[स्कैन करके देखें: "आरव की सवारी – अजनबी खतरा सुरक्षा कहानी"]

अध्याय 6

आपातकाल के लिए तैयार!

आग, प्राथमिक उपचार और बहुत कुछ

अन्वेषण करें

अजनबी कौन है? एक अजनबी कोई भी ऐसा व्यक्ति है जिसे आप अच्छी तरह से नहीं जानते या जिस पर भरोसा नहीं करते। वे दयालु, दोस्ताना या यहां तक कि एक वर्दी पहने हुए भी दिख सकते हैं। लेकिन अगर आप उनसे कभी किसी विश्वसनीय वयस्क के साथ नहीं मिले हैं या उनका नाम नहीं जानते हैं, तो वे एक अजनबी हैं। सभी अजनबी ख़तरनाक नहीं होते, लेकिन आपको किसी पर भी केवल इसलिए भरोसा नहीं करना चाहिए क्योंकि वे मुस्कुराते हैं या अच्छी तरह से बात करते हैं।

सामान्य अजनबी चालें अजनबी आपको मूर्ख बनाने के लिए चालें चल सकते हैं। यहाँ कुछ उदाहरण दिए गए हैं:

चाल का प्रकार	वे क्या कह सकते हैं	क्या करें
उपहार चाल	"मेरे पास तुम्हारे लिए कैंडी/खिलौने हैं। बस मेरे साथ आओ!"	ना कहें और दूर चले जाएं।
नकली परिवार चाल	"मैं तुम्हारी माँ का दोस्त हूँ। उन्होंने मुझे तुम्हें लेने के लिए कहा है।"	पासवर्ड मांगें या मदद के लिए दौड़ें।
खोया हुआ पालतू चाल	"पेड़ों के पास मेरे पिल्ले को खोजने में मेरी मदद करो।"	ना कहें। उनके पीछे न जाएं।
आपातकालीन चाल	"तुम्हारे पिताजी अस्पताल में हैं। जल्दी से मेरे साथ आओ!"	पहले किसी वयस्क से पुष्टि करें।
गेम/फोटो चाल	"चलो कुछ मजेदार तस्वीरें लेते हैं या एक गुप्त गेम खेलते हैं।"	यह ठीक नहीं है—किसी विश्वसनीय वयस्क को बताएं।

अजनबी सुरक्षा के सुनहरे नियम

✔ किसी ऐसे व्यक्ति के साथ कहीं न जाएं जिसे आप नहीं जानते—भले ही वे मदद या उपहार दें।

✔ अपनी व्यक्तिगत जानकारी, यहां तक कि अपना नाम या स्कूल भी कभी साझा न करें।

✔ यदि कोई आपको अजीब या डरा हुआ महसूस कराता है, तो अपनी प्रवृत्ति पर भरोसा करें।

✔ जोर से ना कहें, एक सुरक्षित जगह पर दौड़ें, और किसी वयस्क को बताएं।

✔ सार्वजनिक स्थानों पर हमेशा अपने माता-पिता को बताएं कि आप कहाँ हैं।

"ना!" कहना सीखें "ना" कहना असभ्य नहीं है—यह सुरक्षित और मजबूत होना है। कहने का अभ्यास करें:

• "नहीं! मैं तुम्हें नहीं जानता।"

• "मैं अजनबियों से बात नहीं करता।"

• "तुम मेरे माता-पिता नहीं हो—मैं तुम्हारे साथ नहीं जा रहा हूँ।" रोल प्ले का उपयोग करके किसी शिक्षक, दोस्त या परिवार के सदस्य के साथ इन पंक्तियों का अभ्यास करें।

सुरक्षित बनाम असुरक्षित वयस्क को समझना सुरक्षित वयस्क वे लोग होते हैं जिन पर आप और आपका परिवार भरोसा करते हैं। इनमें शामिल हैं:

• माता-पिता या अभिभावक

• शिक्षक

• स्कूल प्रिंसिपल

• वर्दी में पुलिस अधिकारी

• सुरक्षा गार्ड (यदि आपके परिवार को ज्ञात हो) असुरक्षित वयस्क हो सकते हैं:

• कोई भी जो आपसे अपने माता-पिता से रहस्य रखने के लिए कहता है

• कोई भी जो आपको अनुचित तरीके से छूता है

• कोई भी जो आपको अनुमति के बिना कहीं ले जाने की कोशिश करता है

गुप्त नियम: यदि कोई कहता है "अपने माता-पिता को मत बताना"—तो वे सुरक्षित नहीं हैं।

स्कूल में अजनबी सुरक्षा

• किसी के साथ स्कूल से बाहर कभी न निकलें जब तक कि आपके माता-पिता/शिक्षक इसकी पुष्टि न करें।

• यदि कोई अजीब व्यक्ति गेट पर इंतज़ार कर रहा है, तो अपने शिक्षक को बताएं।

- इंतज़ार करते समय हमेशा एक समूह के साथ रहें।
- जानें कि स्कूल कार्यालय या सुरक्षा गार्ड कहाँ है।

आइए शुरू करें

कहानी: रसोई की चिंगारी निशा अपनी माँ के साथ चाय बना रही थी तभी अचानक चूल्हे के पास कपड़ा जल गया। लपटें तेज़ी से बढ़ीं! निशा एक सेकंड के लिए जम गई—

लेकिन फिर उसे याद आया कि उसने स्कूल में क्या सीखा था: रुकें, गिरें और लुढ़कें। उसकी माँ ने जल्दी से गैस बंद कर दी और लपटों को बुझाने के लिए एक गीला तौलिया पकड़ा। निशा अपने छोटे भाई को लेने दौड़ी और उसे सुरक्षित बाहर ले गई। बाद में, उसके पिता ने कहा, "तुम शांत और स्मार्ट थी। आपातकाल के दौरान यही आदत जान बचाती है।" आपातकाल डरावने हो सकते हैं, लेकिन अगर हम तैयार और सतर्क हों, तो हम ख़ुद को और दूसरों को सुरक्षित रख सकते हैं।

अन्वेषण करें

आपातकाल क्या है? एक आपातकाल एक अचानक, खतरनाक स्थिति है जहां नुकसान को रोकने या जान बचाने के लिए त्वरित कार्रवाई की आवश्यकता होती है। आपातकाल कहीं भी हो सकता है—

घर पर, स्कूल में, बाहर, या यहां तक कि ऑनलाइन भी।

आपातकाल के उदाहरण:

- आग
- कटना या जलना
- भूकंप
- बेहोशी या दम घुटना
- बिजली का झटका

• खो जाना "आपातकाल के लिए तैयार" होने का मतलब है जानना:
• क्या करना है
• किसे बुलाना है
• शांत कैसे रहना है

अग्नि सुरक्षा आग लगने के सामान्य कारण:
• रसोई गैस चूल्हे
• बिजली के शॉर्ट सर्किट
• बिना बुझी छोड़ी गई मोमबत्तियाँ या दीये
• मजे के लिए इस्तेमाल की गई माचिस या लाइटर

पटाखे आग लगने के दौरान क्या करें:
✔ चिल्लाओ और सभी को सतर्क करो
✔ तुरंत उस क्षेत्र को छोड़ दें
✔ यदि धुआं है तो नीचे रहें
✔ सीढ़ियों का उपयोग करें—लिफ्ट का नहीं, 101 (अग्नि आपातकालीन नंबर) पर कॉल करें
✔ यदि कपड़ों में आग लग जाए: रुकें, गिरें और लुढ़कें आग लगने के

दौरान क्या न करें:
✗ अलमारियों या बिस्तरों के नीचे न छिपें
✗ तेल की आग पर पानी का उपयोग न करें
✗ खिलौनों या चीजों के लिए वापस अंदर न जाएं

प्राथमिक उपचार के मूल सिद्धांत प्राथमिक उपचार वह मदद है जो आप डॉक्टर के आने से पहले किसी को देते हैं।

1. कट और घाव
• अपने हाथ धोएं

- घाव को साफ पानी से साफ करें
- इसे पट्टी से ढक दें
- यदि बहुत अधिक खून बह रहा है, तो एक कपड़े से धीरे से दबाएं

2. जलना

- ठंडे (ठंडे नहीं) पानी का उपयोग करें
- टूथपेस्ट या तेल न लगाएं
- हल्के से एक साफ कपड़े से ढक दें
- गंभीर जलने के लिए डॉक्टर के पास जाएं

3. नाक से खून बहना

- बैठ जाएं और आगे झुकें
- नाक के नरम हिस्से को चुटकी से दबाएं
- मुंह से सांस लें
- लेटे नहीं या सिर पीछे की ओर न झुकाएं

4. बेहोशी

- व्यक्ति को लेटने में मदद करें
- उनके पैरों को थोड़ा उठाएं
- तंग कपड़े ढीले करें
- मदद के लिए बुलाएं और ताजी हवा सुनिश्चित करें

याद रखें: प्राथमिक उपचार चिकित्सा देखभाल का विकल्प नहीं है—यह मदद आने तक का पहला कदम है।

बिजली और शॉक सुरक्षा

- बिजली का झटका लग रहे व्यक्ति को न छुएं—पहले मुख्य स्विच बंद करें।
- गीले तारों या टूटे हुए प्लग को न छुएं।
- यदि किसी को झटका लगा है, तो मदद के लिए बुलाएं और घबराएं नहीं।

प्राकृतिक आपदाएं: भूकंप सुरक्षा भारत के कुछ क्षेत्रों में भूकंप आने की संभावना है। आइए जानें कि स्मार्ट तरीके से कैसे कार्य करें। भूकंप के दौरान:

✔ एक मज़बूत डेस्क के नीचे झुकें, ढकें और पकड़ें

✔ खिड़कियों या शीशे से दूर रहें

✔ हिलने के दौरान बाहर न भागें

✔ यदि बाहर हैं, तो एक खुली जगह पर जाएं

✔ हिलना बंद होने के बाद, शांति से इमारत से बाहर निकलें

आपातकालीन नंबर निम्नलिखित को याद करें या लिख लें:

आपातकाल	नंबर
आग	101
पुलिस	100 या 112
एम्बुलेंस	108
चाइल्डलाइन	1098
आपदा हेल्पलाइन	1078

इस सूची को अपने फोन या अध्ययन तालिका के पास पोस्ट करें।

इसे आज़माएं: एक प्राथमिक उपचार बॉक्स बनाएँ

घर पर, किसी वयस्क की मदद से, एक छोटे बॉक्स में निम्नलिखित इकट्ठा करें: बैंडेज, एंटीसेप्टिक तरल, रुई और गॉज, छोटी कैंची, हैंड सैनिटाइज़र, बुनियादी दवाएं (केवल वयस्क के साथ उपयोग की जाती हैं) बॉक्स को लेबल करें: "आपातकालीन प्राथमिक उपचार – केवल पारिवारिक उपयोग के लिए" इसे आसानी से पहुंचने वाली जगह पर रखें, लेकिन छोटे बच्चों से दूर।

सोचें और विचार करें

- क्या आप कभी किसी आपातकाल में रहे हैं? आपने क्या किया?
- ख़तरनाक स्थितियों के दौरान शांत रहना क्यों महत्वपूर्ण है?
- आपके घर में कौन बुनियादी प्राथमिक उपचार जानता है?
- क्या बच्चे आपातकाल के दौरान मदद कर सकते हैं? कैसे?
- स्कूल में आपने कौन से आपातकालीन अभ्यास किए हैं? इन प्रश्नों पर अपने सहपाठियों के साथ चर्चा करें या अपनी डायरी में लिखें।

आइए दोहराएं

आइए मुख्य बिंदुओं पर फिर से विचार करें:

✔ आपातकाल कभी भी हो सकता है—सतर्क और तैयार रहें

✔ अग्नि सुरक्षा रुकने, गिरने और लुढ़कने से शुरू होती है

✔ बुनियादी प्राथमिक उपचार सीखें—घावों को साफ करें, जले हुए का इलाज करें, नाक से खून बहना बंद करें

✔ भूकंप जैसी प्राकृतिक आपदाओं के दौरान कैसे कार्य करना है, यह जानें

✔ आपातकालीन हेल्पलाइन नंबर याद रखें। विपरीत परिस्थितियों के लिए तैयार रहना आपको सुरक्षित रहने और दूसरों की मदद करने में भी मदद करता है।

ख़ुद की जाँच करें

A. बहुविकल्पीय प्रश्न

- **एम्बुलेंस के लिए आप कौन सा नंबर डायल करते हैं?**

a) 100

b) 108 ✔

c) 1098

• यदि आपके कपड़ों में आग लग जाए तो आपको क्या करना चाहिए?

a) बाहर भागें

b) पानी डालें

c) रुकें, गिरें और लुढ़कें ✔

• प्राथमिक उपचार बॉक्स में कौन सी वस्तु होनी चाहिए?

a) खिलौने

b) बैंडेज ✔

c) मसाले

• कक्षा के अंदर भूकंप के दौरान आपको क्या करना चाहिए?

a) डेस्क के नीचे छिपें ✔

b) बाहर भागें

c) खिड़की के पास खड़े हों

B. सही या ग़लत

• प्राथमिक उपचार वह मदद है जो आप अस्पताल पहुंचने के बाद देते हैं। ✗

• यदि आपकी नाक से खून बह रहा है तो आपको सपाट लेटना चाहिए। ✗

• अग्नि आपातकाल के लिए 101 पर कॉल करें। ✔

• बिजली का झटका लग रहे व्यक्ति को छूना सुरक्षित है। ✗

C. रचनात्मक कार्य "मैं आपातकाल के लिए तैयार हूँ!" शीर्षक से एक पोस्टर बनाएँ। शामिल करें चित्र:

• आग से बचने के क़दम

• भूकंप सुरक्षा स्थिति

• प्राथमिक उपचार बॉक्स

• आपातकालीन नंबर एक सरल नारा लिखें जैसे: "शांत रहें, स्मार्ट रहें, सुरक्षित रहें!"

पुस्तक से परे

आपातकालीन अभ्यास ड्रिल अपने परिवार के साथ, इन आपात स्थितियों के लिए एक मॉक ड्रिल करें:

• रसोई में आग

• सोते समय भूकंप

• कोई गिर जाता है और उसे कट लग जाता है प्रत्येक ड्रिल का समय निर्धारित करें और चर्चा करें कि क्या अच्छा हुआ और क्या सुधारा जा सकता है। अपनी निकास योजना को अपने मुख्य दरवाज़े के पास दीवार पर पोस्ट करें। अब आपका परिवार आपातकाल के लिए तैयार हीरो है!

क्यूआर कोड प्लेसहोल्डर

[**स्कैन करके देखें:** "निशा की फायर ड्रिल – आपात स्थितियों में शांत रहना सीखें"]

अध्याय 7

अपने सहज ज्ञान पर भरोसा करें

अपनी प्रवृत्ति को सुनना

एक बेचैन करने वाली भावना साना स्कूल से घर जा रही थी तभी उसने देखा कि एक आदमी साइकिल पर उसका पीछा कर रहा है। वह कुछ ग़लत नहीं कर रहा था—

लेकिन वह उसे लगातार देख रहा था और जब वह मुड़ी तो धीमा हो गया। साना के दिल की धड़कन तेज़ होने लगी। उसे घबराहट महसूस हुई। उसके हाथ पसीने से तर हो गए थे। उसका "सहज ज्ञान" उसे कह रहा था: "कुछ ठीक नहीं है।" तो, वह सड़क के दूसरी ओर गई और पास की एक स्टेशनरी की दुकान में घुस गई जहाँ दुकानदार उसके परिवार को जानता था।

आदमी साइकिल चलाकर चला गया। बाद में, उसकी माँ ने कहा, "साना, तुमने अपनी प्रवृत्ति को सुना। इसे जागरूक और बहादुर होना कहते हैं।"

अन्वेषण करें

प्रवृत्तियाँ क्या हैं? प्रवृत्तियाँ हमारे अंदर की वे प्राकृतिक भावनाएँ होती हैं— जब कुछ "अजीब" या असुरक्षित लगता है तो हमारा शरीर हमें चेतावनी देता है उसका अपना तरीका होता है। इसे आपका सहज ज्ञान भी कहा जाता है, और यह सुरक्षा के लिए आपके सबसे शक्तिशाली उपकरणों में से एक है। कभी-कभी, आप यह नहीं समझा पाएंगे कि कुछ ग़लत क्यों लग रहा है—

लेकिन आपका शरीर आपको संकेत देता है:

• पेट में कसक

• पसीने से तर हाथ

• तेज़ दिल की धड़कन

• रोंगटे खड़े होना

• भागने की इच्छा ये संकेत हैं कि आपकी प्रवृत्ति आपको सचेत कर रही है। आपको इसे सुनना चाहिए।

अपनी भावनाओं पर भरोसा करना यह कहना ठीक है:

• "मुझे अभी सुरक्षित महसूस नहीं हो रहा है।"

• "यह जगह ठीक नहीं लग रही है।"

• "इस व्यक्ति के बारे में कुछ ऐसा है जो मुझे असहज कर रहा है।" और यह हमेशा ठीक है:

• ना कहना

• जगह छोड़ देना

• किसी विश्वसनीय वयस्क को बताना भले ही व्यक्ति अच्छा लगे या दूसरे कहें, "यह कोई बड़ी बात नहीं है।"

सुरक्षित बनाम असुरक्षित भावनाएँ आइए अंतर पहचानना सीखें:

स्थिति	सुरक्षित भावनाएँ	असुरक्षित भावनाएँ
विश्वसनीय दोस्तों के साथ खेलना	खुश, आराम से, उत्साहित	-
अकेले चलना और कोई पीछा करता है	घबराया हुआ, ठंडा, दिल की धड़कन तेज़ होती है	असहज, असुरक्षित
कक्षा में शिक्षक समझा रहा है	शांत, केंद्रित, सीखने के लिए तैयार	-
कोई आपको गुप्त रूप से छूता है	भ्रमित, डरा हुआ, छिपना चाहता है	असहज, असुरक्षित
बाजार में खो जाना	चिंतित, डरा हुआ, अनिश्चित	असुरक्षित, सतर्क

आपकी भावनाएँ आपकी आंतरिक सुरक्षा का अलार्म हैं। वे आपको यह जानने में मदद करती हैं कि क्या सही है और क्या ग़लत है।

अपराधबोध महसूस किए बिना "ना" कहना कभी-कभी बच्चों को कहा जाता है:

- "अशिष्ट मत बनो।"
- "बस बड़ों की सुनो।"
- "तमाशा मत करो।" लेकिन आपकी सुरक्षा शिष्टाचार से कहीं अधिक महत्वपूर्ण है। यदि कुछ या कोई ग़लत लगता है, तो आप कर सकते हैं:
- दूर चले जाएं
- जोर से "ना" कहें
- मदद मांगें
- किसी माता-पिता या शिक्षक को बुलाएं और आपको कभी भी ऐसे रहस्य

नहीं रखने चाहिए जो आपको डरा हुआ या भ्रमित महसूस कराएं।

आप किससे बात कर सकते हैं? आपके सुरक्षा घेरे में विश्वसनीय वयस्क शामिल होने चाहिए जिनके पास आप जा सकते हैं जब कुछ ग़लत लगे। ये हो सकते हैं:

- माता-पिता
- भाई-बहन
- शिक्षक
- स्कूल काउंसलर
- भरोसेमंद पड़ोसी
- दादा-दादी किसी को बताना महत्वपूर्ण है—भले ही आप यह समझाना न जानते हों कि कैसे।

"सुरक्षा बॉक्स" विविधि बच्चों को अपनी भावनाओं को साझा करने में मदद करने के लिए, कुछ स्कूल सुरक्षा- बॉक्स का उपयोग करते हैं—एक ऐसी जगह जहाँ बच्चे एक नोट छोड़ सकते हैं यदि कुछ उन्हें ग़लत लग रहा हो या कोई उन्हें परेशान कर रहा हो। घर पर, आप एक सुरक्षित बात की डायरी बना सकते हैं जहाँ आप लिखते हैं:

- क्या हुआ
- आपको कैसा महसूस हुआ
- आप क्या करना चाहते हैं यह आपको स्पष्ट रूप से सोचने और आत्मविश्वास से बोलने में मदद करता है।

इसे आज़माएं: अपना सहज ज्ञान नाटक पर भरोसा करें

दोस्तों या सहपाठियों के साथ, निम्नलिखित दृश्यों का अभिनय करें:

- कोई आपको अकेले एक कमरे में जाने के लिए कहता है।
- एक अजनबी स्कूल से घर जाते हुए आपका पीछा करता है।
- एक ज्ञात व्यक्ति आपको असहज महसूस कराता है।

• बच्चों का एक समूह आपको कुछ असुरक्षित करने की हिम्मत दिलाता है। पूछें: आपको कैसा महसूस हुआ? आप क्या करेंगे? फिर, कहने का अभ्यास करें: "नहीं, मुझे सुरक्षित महसूस नहीं हो रहा है।" "मुझे अब जाना होगा।" "मैं किसी विश्वसनीय वयस्क को बता रहा हूँ।"

सोचें और विचार करें

• क्या आपने कभी ऐसी सहज ज्ञान का अनुभव किया है जिसने आपको किसी समस्या से बचने में मदद की हो?
• जब आप घबराए हुए या असुरक्षित होते हैं तो आपके शरीर को कैसा महसूस होता है?
• आप किससे इतना भरोसा करते हैं कि कुछ भी बता सकें?
• किसी चीज़ से दूर चलना क्यों ठीक है—भले ही दूसरे रुकें?
• जब हमारे दोस्त असुरक्षित महसूस करते हैं तो हम उनकी मदद कैसे कर सकते हैं? अपने उत्तर नोटबुक में लिखें या समूह के समय में साझा करें।

आइए दोहराएं

आइए हमने जो सीखा है उसे दोहराते हैं:
✔ प्रवृत्तियाँ आपके आंतरिक चेतावनी संकेत हैं।
✔ जब कुछ असुरक्षित लगता है तो आपका शरीर संकेत भेजता है।
✔ ना कहना और दूर जाना ठीक है—यहां तक कि ज्ञात लोगों से भी।
✔ आपको हमेशा अपनी भावनाओं को किसी विश्वसनीय वयस्क के साथ साझा करना चाहिए।
✔ आपको यह समझाने की ज़रूरत नहीं है कि क्यों—अगर यह ग़लत लगता है, तो यह ग़लत है। ख़ुद पर भरोसा करें। आप जितना सोचते हैं उससे कहीं ज़्यादा आप स्मार्ट हैं।

ख़ुद की जाँच करें

A. बहुविकल्पीय प्रश्न

• "सहज ज्ञान" क्या है?

a) भूख

b) पेट की बीमारी

c) अंदर से चेतावनी महसूस करना ✔

• यदि कोई आपको असुरक्षित महसूस कराता है तो आपको क्या करना चाहिए?

a) शांत रहें

b) किसी विश्वसनीय वयस्क को बताएं ✔

c) रहस्य रखें

• असुरक्षित महसूस करने का संकेत क्या है?

a) हंसना

b) तेज़ दिल की धड़कन ✔

c) नींद आना

• जब आपको लगता है कि कुछ ठीक नहीं है तो सबसे महत्वपूर्ण क्या है?

a) विनम्र रहें

b) ख़ुद पर भरोसा करें ✔

c) बोलें नहीं

B. सही या ग़लत

• आपको हमेशा बड़ों की बात सुननी चाहिए—भले ही वह ग़लत लगे। ✗

• आपका शरीर आपको बता सकता है कि ख़तरा पास है। ✔

• अपने से बड़े किसी को ना कहना असभ्य है। ✗
• यदि आप डरे हुए हैं तो असुरक्षित रहस्य रखना ठीक है। ✗

C. रचनात्मक कार्य एक "ख़ुद पर भरोसा करें बैज" डिज़ाइन करें
• एक वृत्त बनाएँ
• अंदर, वे चीज़ें लिखें या ड्रा करें जो आपको सुरक्षित महसूस कराती हैं
• अपना व्यक्तिगत संदेश जोड़ें जैसे: "मेरी भावनाएँ मायने रखती हैं" "मैं बहादुर हूँ" "मैं बोलूंगा" अपना बैज अपने स्कूल बैग या अध्ययन तालिका पर लटकाएँ!

पुस्तक से परे

सुरक्षा - घेरा गतिविधि एक बड़ा वृत्त बनाएँ। अंदर, उन 5 लोगों के नाम लिखें जिन पर आप भरोसा कर सकते हैं यदि आपको डरा हुआ या असुरक्षित महसूस होता है।
इसे लेबल करें: "मेरे सुरक्षित वयस्क" अब उन लोगों से पूछें, "क्या मैं आपके पास आ सकता हूँ यदि कुछ मुझे परेशान करता है?" इसे अपने बिस्तर के पास एक दैनिक अनुस्मारक के रूप में चिपकाएँ। आपने अपना सुरक्षा घेरा बनाया है—आपकी पहली रक्षा!

क्यूआर कोड प्लेसहोल्डर
[**स्कैन करके देखें:** "साना की कहानी – अपने सहज ज्ञान पर भरोसा करना सीखना"]

अध्याय 8

अच्छा स्पर्श, बुरा स्पर्श

शारीरिक सुरक्षा

आशा का रहस्य आशा आमतौर पर खुशमिजाज़ रहती थी। लेकिन हाल ही में, उसने कक्षा में बात करना बंद कर दिया था। वह लंच ब्रेक के दौरान खेलना नहीं चाहती थी। उसकी शिक्षिका, सुश्री रीना, ने देखा कि कुछ ग़लत था। एक दिन, सुश्री रीना ने कक्षा को "अच्छा स्पर्श और बुरा स्पर्श" के बारे में एक कहानी सुनाई। सत्र के बाद, आशा धीरे-धीरे पास आई और फुसफुसाई, "किसी ने मुझे इस तरह से छुआ कि मुझे डर लगा... लेकिन उन्होंने कहा कि किसी को न बताऊं।" सुश्री रीना घुटनों के बल बैठीं और धीरे से बोलीं, "तुमने सही किया, आशा। मुझे बताने के लिए धन्यवाद। मैं तुम्हारी मदद के लिए यहाँ हूँ।" उस दिन, आशा ने सीखा कि उसका शरीर उसका है—और किसी को भी उसे इस तरह से छूने का अधिकार नहीं है जिससे उसे डर या शर्म महसूस हो।

अन्वेषण करें

शारीरिक सुरक्षा क्या है? शारीरिक सुरक्षा का अर्थ है जानना:

- किस प्रकार के स्पर्श ठीक हैं या ठीक नहीं हैं
- कि आपका शरीर आपका है
- कि आपको ना कहने का अधिकार है
- कि जो रहस्य आपको चोट पहुँचाते हैं उन्हें कभी नहीं रखा जाना चाहिए
- कि किसी विश्वसनीय वयस्क से बात करना हमेशा ठीक है हर बच्चे को सुरक्षित और सम्मानित महसूस करने का अधिकार है।

अच्छा स्पर्श बनाम बुरा स्पर्श

स्पर्श का प्रकार	उदाहरण	आपको कैसा महसूस कराता है
अच्छा स्पर्श	माता-पिता से गले लगना, शिक्षक से थपथपी, सड़क पार करने के लिए हाथ पकड़ना	सुरक्षित, प्रिय, आरामदायक
बुरा स्पर्श	आपके निजी अंगों को छूना, असहज महसूस कराने वाली गुदगुदी, जबरन चुंबन	डरा हुआ, दुखी, भ्रमित
अनचाहा स्पर्श	भले ही कोई कहे कि यह एक खेल है, लेकिन यह "गलत" लगता है	घबराया हुआ, अनिश्चित, असहज

महत्वपूर्ण नियम: यदि कोई स्पर्श आपको भ्रमित, डरा हुआ या शर्मिंदा महसूस कराता है—तो यह ठीक नहीं है।

निजी अंगों को समझना बच्चों को "स्विमसूट नियम" का उपयोग

करके सिखाएँ:

आपके शरीर के वे हिस्से जो एक स्विमसूट से ढके होते हैं, वे निजी होते हैं। किसी को भी अनुमति नहीं है:

• उन्हें देखना

• उन्हें छूना

• आपको उनके छूने के लिए कहना

• आपको निजी अंगों के चित्र या वीडियो दिखाना भले ही कोई कहे:

• "यह हमारा रहस्य है।"

• "अगर तुम बताओगे तो तुम मुसीबत में पड़ोगे।"

• "यह बस एक खेल है।" ये चालें हैं। आपको तुरंत किसी विश्वसनीय वयस्क को बताना चाहिए।

बोलो और "ना!" कहो "ना" कहना बहादुर है। कहने का अभ्यास करें:

• "नहीं! मुझे यह पसंद नहीं है।"

• "बंद करो। मैं किसी को बता दूंगा।"

• "यह ठीक नहीं है!" आप यह भी कर सकते हैं:

• स्थिति से दूर भागें

• एक विश्वसनीय वयस्क खोजें

• वयस्कों को तब तक बताते रहें जब तक कोई सुन न ले भले ही वह व्यक्ति कोई रिश्तेदार, शिक्षक, पड़ोसी या बड़ा बच्चा हो—यदि वे आपको चोट पहुँचाते हैं तो आपको बोलना चाहिए।

विश्वसनीय वयस्क कौन हैं? विश्वसनीय वयस्क वे लोग होते हैं जो:

• आपको सुरक्षित महसूस कराते हैं

• जब आप बात करते हैं तो सुनते हैं

• कभी ऐसे रहस्य नहीं रखते जो चोट पहुँचाते हैं

• आपकी रक्षा के लिए कार्रवाई करते हैं उदाहरण:

• माता-पिता

• शिक्षक

• स्कूल काउंसलर
• दादा-दादी
• पारिवारिक डॉक्टर
• बड़े भाई-बहन

रहस्य बनाम आश्चर्य आश्चर्य अल्पकालिक होते हैं और लोगों को खुश करते हैं: "पिताजी को उनके जन्मदिन के उपहार के बारे में अभी मत बताना!" स्पर्श, दर्द या डर के बारे में रहस्य कभी ठीक नहीं होते हैं। "जो हुआ उसके बारे में किसी को मत बताना।" यदि कोई आपसे कोई ऐसा रहस्य रखने के लिए कहता है जो आपको दुःखी, डरा हुआ या असुरक्षित महसूस कराता है—तो आपको किसी विश्वसनीय वयस्क को बताना चाहिए।

इसे आज़माएं: रोलप्ले – सुरक्षित या असुरक्षित?

अपने सहपाठियों या परिवार के साथ, इन स्थितियों का अभिनय करें और तय करें:

• दादी आपको शुभ रात्रि का आलिंगन देती हैं।
• एक दोस्त शौचालय में आपके शरीर को देखना चाहता है।
• एक चचेरा भाई आपसे कहता है, "हमारे विशेष खेल के बारे में किसी को मत बताना।"
• एक डॉक्टर आपके माता-पिता के कमरे में होने पर आपकी जांच करता है।
• एक पड़ोसी आपको मिठाई देता है लेकिन अपनी गोद में बैठने के लिए भी कहता है। प्रत्येक के बाद, उत्तर दें: सुरक्षित या असुरक्षित? आपको क्या करना चाहिए?

सोचें और विचार करें

• आपको क्या सुरक्षित और सम्मानित महसूस कराता है?
• क्या कोई ऐसा व्यक्ति जिसे आप जानते हैं और जिस पर भरोसा करते हैं, आपको कभी ग़लत तरीके से छू सकता है?
• यदि कोई आपको छूता है और आपसे इसे एक रहस्य रखने के लिए कहता है तो आप क्या करेंगे?
• क्या आपको "ना" कहना मुश्किल लगता है? क्यों?
• ऐसे 3 लोग कौन हैं जिनसे आप किसी भी समय किसी भी चीज के बारे में बात कर सकते हैं? अपने उत्तर अपनी "शारीरिक सुरक्षा जर्नल" में लिखें या समूह चर्चा में साझा करें।

आइए दोहराएं

आइए मुख्य संदेशों को याद करते हैं:
✔ आपका शरीर आपका है।
✔ अच्छा स्पर्श आपको सुरक्षित महसूस कराता है; बुरा स्पर्श आपको भ्रमित या डरा हुआ महसूस कराता है।
✔ निजी अंग दूसरों के छूने या देखने के लिए नहीं होते हैं।
✔ जोर से ना कहना ठीक है—यहां तक कि ज्ञात लोगों से भी।
✔ यदि आप असहज महसूस करते हैं तो हमेशा किसी विश्वसनीय वयस्क को बताएं।
✔ तब तक बताते रहें जब तक कोई सुन न ले। आपको सुरक्षित, सुना हुआ और संरक्षित महसूस करने का अधिकार है।

ख़ुद की जाँच करें

A. बहुविकल्पीय प्रश्न
• **"स्विमसूट नियम" क्या है?**

a) अपना स्विमसूट रोज़ पहनें
b) निजी अंग स्विमसूट से ढके होते हैं ✔
c) पानी में न खेलें

• **यदि कोई आपको इस तरह से छूता है जो आपको पसंद नहीं है तो** आपको क्या करना चाहिए?
a) शांत रहें
b) किसी विश्वसनीय वयस्क को बताएं ✔
c) इसे एक रहस्य रखें

• **विश्वसनीय वयस्क कौन है?**
a) सड़क पर एक अजनबी
b) परिवार का एक सदस्य जो आपको असहज महसूस कराता है
c) आपका शिक्षक या माता-पिता ✔

• **ज़ोर से "ना" कहना क्यों ठीक है?**
a) लोगों को डराने के लिए
b) असभ्य होने के लिए
c) ख़ुद की रक्षा के लिए ✔

B. सही या ग़लत
• खेल के दौरान किसी को अपने निजी अंगों को छूने देना ठीक है। ✗
• यदि कोई आपसे न बताने के लिए कहता है तो आपको हमेशा रहस्य रखना चाहिए। ✗
• आपको "ना" कहने का अधिकार है। ✔
• यह केवल तभी बुरा है जब कोई अजनबी आपको ग़लत तरीके से छूता है। ✗

C. रचनात्मक कार्य एक "शारीरिक सुरक्षा वादा पोस्टर" बनाएँ:
• लिखें: "मैं ख़ुद की रक्षा करने का वादा करता हूँ"

• 5 नियम जोड़ें (जैसे, ना कहें, बोलें, अपनी भावनाओं पर भरोसा करें)
• एक बैज या हाथ का प्रतीक ड्रा करें
• इसे सितारों या सुरक्षित इमोजी से सजाएँ इसे अपने कमरे या कक्षा में लगाएँ!

पुस्तक से परे

पारिवारिक शारीरिक सुरक्षा वार्ता अपने माता-पिता या अभिभावक के साथ एक सौम्य, खुली बातचीत करें:
• अच्छा स्पर्श और बुरा स्पर्श क्या है
• आपके विश्वसनीय वयस्क कौन हैं
• यदि कुछ ग़लत लगता है तो कैसे प्रतिक्रिया दें
• बिना डर के कैसे बोलें बातचीत शुरू करने के लिए शारीरिक सुरक्षा की कहानियों की किताबें या वीडियो का उपयोग करें। अपने घर को एक सुरक्षित स्थान बनाएँ जहाँ कोई भी प्रश्न बहुत छोटा न हो।

क्यूआर कोड प्लेसहोल्डर
[**स्कैन करके देखें:** "आशा का रहस्य – शारीरिक सुरक्षा के बारे में सीखना"]

अध्याय 9

दूसरों के लिए एक सुरक्षा

नायक बनना

बहादुर बस यात्रा रोहन स्कूल बस में जा रहा था जब उसने कुछ अजीब देखा। ईशान नाम का एक छोटा लड़का डरा हुआ दिख रहा था और एक बड़े छात्र से दूर जाने की कोशिश कर रहा था जो उसे फुसफुसा रहा था और उसे पोक कर रहा था। रोहन चुप नहीं रहा। उसने बस मॉनिटर को बताया, जिसने तुरंत ईशान को सामने वाली सीट पर बैठाया और स्कूल काउंसलर को बुलाया। ईशान ने बाद में काउंसलर को बताया कि उसे रोज़ाना धमकाया जा रहा था। रोहन के साहस की बदौलत, ईशान सुरक्षित था—और रोहन एक सुरक्षा नायक बन गया।

अन्वेषण करें

सुरक्षा नायक कौन है? एक सुरक्षा नायक वह व्यक्ति है जो:

• दूसरों का ध्यान रखता है
• जब कुछ ग़लत देखता है तो बोलता है।
• धमकाने या असुरक्षित व्यवहार के ख़िलाफ़ खड़ा होता है।
• आपातकाल के दौरान दूसरों को शांत रहने में मदद करता है
• दूसरों की रक्षा के लिए जो सीखा है उसे साझा करता है आपको नायक बनने के लिए टोपी पहनने की ज़रूरत नहीं है। आपको जागरूकता, दयालुता और साहस की आवश्यकता है।

असुरक्षित स्थितियों को पहचानना कभी-कभी बच्चे महसूस करते हैं कि कुछ ग़लत है लेकिन उन्हें पता नहीं होता कि क्या करना है। यहाँ देखने के लिए कुछ संकेत दिए गए हैं:
• एक दोस्त डरा हुआ दिखता है या अक्सर अकेला रहना चाहता है
• खेलों के दौरान कोई हमेशा घायल हो जाता है
• कोई बच्चा किसी वयस्क या बड़े बच्चे से बात करने के बाद रोता है
• कोई व्यक्ति किसी दूसरे व्यक्ति को उनकी सहमति के बिना छूता है
• किसी बच्चे को हमेशा चिढ़ाया जाता है या हँसाया जाता है
• कोई अजनबी बच्चों के बहुत क़रीब खड़ा है या उपहार दे रहा है इन संकेतों को नज़रअंदाज़ न करें। यदि कुछ ठीक नहीं लगता—तो शायद ऐसा नहीं है।

दर्शक प्रभाव बहुत से लोग कुछ असुरक्षित होते हुए देखते हैं लेकिन सोचते हैं:
• "कोई और इसे संभाल लेगा।"
• "मैं इसमें शामिल नहीं होना चाहता।"
• "अगर मैं मुसीबत में पड़ जाऊं तो क्या होगा?" इसे दर्शक प्रभाव कहा जाता है—और यह लोगों को मदद करने से रोक सकता है। लेकिन आप अलग होना चुन सकते हैं। दर्शक नहीं, उठने वाला बनें।

सुरक्षित रूप से कैसे मदद करें आप ख़ुद को ख़तरे में डाले बिना मदद कर सकते हैं।

स्थिति	आप क्या कर सकते हैं
दोस्त को धमकाया जा रहा है	उनके साथ रहें, बोलें, किसी शिक्षक को रिपोर्ट करें
पार्क में कोई रो रहा है	पूछें कि वे ठीक हैं या नहीं, उन्हें किसी विश्वसनीय वयस्क के पास ले जाएं
एक सहपाठी डरा हुआ दिखता है	उनके साथ बैठें, धीरे से प्रश्न पूछें, किसी वयस्क को बताएं
आप किसी को छूते हुए देखते हैं	स्थिति को बाधित करें, विचलित करें, तुरंत रिपोर्ट करें
आपातकाल में (आग, गिरना)	मदद के लिए बुलाएं, घबराएं नहीं, मदद आने तक दूसरों का समर्थन करें

आप सब कुछ हल करने के लिए जिम्मेदार नहीं हैं—लेकिन आप मदद के लिए सेतु बन सकते हैं।

विश्वसनीय वयस्क को कब बताएं कुछ बच्चों को चिंता होती है कि किसी वयस्क को बताना "चुगली करना" या "शिकायत करना" है। यहाँ नियम है: यदि कोई घायल है, डरा हुआ है या ख़तरे में है, तो आपको बताना होगा। यह चुगली करना नहीं है। यह परवाह करना है। विश्वसनीय वयस्क जिन्हें **आप रिपोर्ट कर सकते हैं:**

- शिक्षक
- माता-पिता
- प्रिंसिपल
- स्कूल काउंसलर
- बस मॉनिटर
- सुरक्षा गार्ड

सुरक्षा संस्कृति का निर्माण एक सुरक्षा नायक होने का मतलब यह भी है:

• दूसरों को खेल में शामिल करना
• दूसरों की सीमाओं का सम्मान करना
• विनम्रता से बात करना
• नए छात्रों को स्वागत महसूस कराने में मदद करना
• छोटे बच्चों को सुरक्षा नियमों के बारे में सिखाना एक सुरक्षित कक्षा या खेल का मैदान वह है जहाँ सभी को सुना और देखा जाता है।

इसे आज़माएं: सुरक्षा नायक रोलप्ले

समूहों में इन दृश्यों का अभिनय करें:

• एक दोस्त को उसके लंचबॉक्स के लिए चिढ़ाया जा रहा है।
• आप गेट के पास एक छोटे छात्र को डरा हुआ देखते हैं।
• एक फील्ड ट्रिप के दौरान, कोई भटक जाता है।
• एक सहपाठी आपको बताता है कि एक शिक्षक ने उन्हें मारा।

चर्चा करें:

• आप क्या करेंगे?
• आप किसे बताएंगे?
• आप शांत कैसे रहेंगे? फिर, अपना "नायक कथन" बनाएँ और उसे जोर से कहें: "मैं बोलूंगा। मैं मदद करूंगा। मैं दूसरों को सुरक्षित रखूंगा।"

सोचें और विचार करें

• क्या आपने कभी किसी को अन्यायपूर्ण या असुरक्षित तरीके से व्यवहार करते हुए देखा है?
• क्या आपने मदद की या चुप रहे? क्यों?

• दूसरों की मदद करने में आपको क्या डराता है?
• आपको किससे बात करने में सबसे सुरक्षित महसूस होता है?
• आप अपने दोस्त की मदद कैसे कर सकते हैं जो बोलने से डरता है?
अपने उत्तर लिखें या अपने समूह जर्नल में चर्चा करें।

आइए दोहराएं

आइए मुख्य संदेशों को याद करें:

✔ एक सुरक्षा नायक दूसरों का ध्यान रखता है

✔ यदि आप कुछ ग़लत देखते हैं तो आपको बोलना चाहिए

✔ मदद करने का मतलब हल करना नहीं है—इसका मतलब रिपोर्ट करना और समर्थन करना है

✔ किसी विश्वसनीय वयस्क को बताने से कभी न डरें

✔ सुरक्षा संस्कृति का निर्माण आपसे शुरू होता है आपकी आवाज़ किसी और की रक्षा कर सकती है।

ख़ुद की जाँच करें

A. बहुविकल्पीय प्रश्न

• यदि आप किसी को धमकाते हुए देखते हैं तो आपको क्या करना चाहिए?

a) साथ हंसो

b) दूर चले जाओ

c) व्यक्ति के साथ रहो और शिक्षक को बताओ ✔

• "दर्शक प्रभाव" का क्या अर्थ है?

a) हमेशा मदद करना

b) यह उम्मीद करना कि दूसरे आपके बजाय कार्रवाई करेंगे ✔

c) टोपी पहनना

• विश्वसनीय वयस्क कौन है?

a) यादृच्छिक पड़ोसी

b) शिक्षक या स्कूल काउंसलर ✔

c) ऑनलाइन गेमर

• सुरक्षा नायक होने का हिस्सा क्या नहीं है?

a) दूसरों की मदद करना

b) असुरक्षित रहस्य रखना ✔

c) एक सुरक्षित वातावरण बनाना

B. सही या ग़लत

• दूसरों के लिए बोलना नाटकीय होना है। ✗

• आप किसी वयस्क को बताकर सुरक्षा- नायक बन सकते हैं। ✔

• किसी घायल व्यक्ति की मदद करना ग़लत है। ✗

• हर कोई दूसरों को सुरक्षित महसूस करा सकता है। ✔

C. रचनात्मक कार्य अपना स्वयं का सुरक्षा नायक कार्ड डिज़ाइन करें शामिल करें:

• आपका नायक नाम

• आपकी सुरक्षा शक्तियां (सुनना, रिपोर्ट करना, शामिल करना, प्रोत्साहित करना)

• एक नायक आदर्श वाक्य (उदाहरण के लिए, "बोलो, मदद करो!")

• एक प्रतीक या बैज (ढाल, तारा, लाइटबल्ब) इसे अपनी दीवार पर लटकाएं या अपने स्कूल बैग में रखें।

पुस्तक से परे

एक "सुरक्षा मित्र क्लब" बनाएँ स्कूल में या अपने समूह में:

• छात्रों का एक समूह बनाएँ जो दूसरों पर नज़र रखता है।
• अपने स्कूल को सुरक्षित बनाने के विचारों को साझा करने के लिए साप्ताहिक मिलें।
• दयालु नोट पोस्ट करें, सुरक्षा खेल का नेतृत्व करें, या छोटे बच्चों को सलाह दें।
• "सप्ताह के सुरक्षा कप्तान" बनने की बारी-बारी से भूमिका निभाएं।
दयालुता नायक और सुरक्षा तारा होने का जश्न मनाएं!

क्यूआर कोड प्लेसहोल्डर
[**स्कैन करके देखें:** "रोहन की बस यात्रा – सुरक्षा नायक की कहानी"]

अध्याय 10

मेरी सुरक्षा प्रतिज्ञा और दैनिक आदतें

सुरक्षा चैंपियन हर शुक्रवार को स्कूल में, कक्षा "साप्ताहिक चैंपियन" के लिए मतदान करती थी। एक सप्ताह, यह पुरस्कार अवनी को मिला—गणित में सबसे अधिक अंक प्राप्त करने या दौड़ जीतने के लिए नहीं, बल्कि कुछ अलग के लिए। उस सप्ताह, **उसने:**

• एक दोस्त को ना कहने में मदद की जब किसी ने उसे असहज तरीके से छुआ

• विज्ञान प्रयोगशाला में ढीले तारों को देखकर बोली

• स्कूल साइकिल पर हर दिन अपना हेलमेट पहना

• फील्ड ट्रिप पर सहपाठियों को ज़ेब्रा क्रॉसिंग का उपयोग करने की याद दिलाई अवनी को इसलिए चुना गया क्योंकि उसने रोज़मर्रा की सुरक्षा आदतों का अभ्यास किया—और दूसरों को भी ऐसा करने में मदद की। उसके शिक्षक ने उसे "हमारी सुरक्षा तारा" कहा। और अवनी? वह बस मुस्कुराई और बोली, "यही हम सभी को करना चाहिए।"

अन्वेषण करें

सुरक्षा प्रतिज्ञा क्या है? एक सुरक्षा प्रतिज्ञा एक वादा है जो आप ख़ुद से करते हैं कि हर दिन जागरूक, जिम्मेदार और सतर्क रहेंगे। यह आपके और आपके भीतर के सुरक्षा नायक के बीच एक गुप्त समझौता है। **यह आपको याद दिलाता है:**

• सुरक्षित विकल्प चुनना
• ना कहने के लिए अपनी आवाज़ का उपयोग करना
• दूसरों का ध्यान रखना
• सुरक्षा के बारे में सीखते रहना प्रतिज्ञा लेना इसका मतलब यह नहीं है कि आप कभी गलती नहीं करेंगे—लेकिन इसका मतलब है कि आप सही काम करने की परवाह करते हैं।

रोज़मर्रा की सुरक्षा आदतें यहाँ सुरक्षा आदतें हैं जिनका स्मार्ट बच्चे हर दिन पालन करते हैं:

घर पर:

• गीले हाथों से बिजली के स्विच या तारों को कभी न छुएं
• आग, गैस चूल्हे और नुकीली चीज़ों से दूर रहें।
• दवा का उपयोग करने से पहले पूछें।
• फिसलने से बचने के लिए बाथरूम को सूखा रखें।
• रात में दरवाज़ों को ठीक से बंद करें।

बाहर:

• फुटपाथ और ज़ेब्रा क्रॉसिंग का उपयोग करें
• ट्रैफिक के पास किसी वयस्क का हाथ पकड़ें
• अजनबियों से बात न करें या उनका पीछा न करें
• अच्छी रोशनी वाली जगहों पर रहें

• आपातकालीन संपर्क विवरण साथ रखें

ऑनलाइन:

• व्यक्तिगत जानकारी या पासवर्ड साझा न करें

• अजनबियों या ख़राब सामग्री की रिपोर्ट करें

• दृश्यमान स्थानों में उपकरणों का उपयोग करें

• क्लिक या साझा करने से पहले सोचें

• अनुमति के बिना डाउनलोड न करें

शरीर और भावनाएँ:

• बुरे स्पर्श या भ्रमित करने वाले खेलों को "ना" कहें

• अपनी सहज ज्ञान पर भरोसा करें

• यदि कुछ ग़लत लगता है तो अपने सुरक्षा घेरे से बात करें

• दूसरों के लिए बोलें

• कभी ऐसे रहस्य न रखें जो चोट पहुँचाते हैं

सुबह की सुरक्षा चेकलिस्ट अपने दिन की शुरुआत जाँच करके करें:

✔ क्या मैंने अपना स्कूल बैग ठीक से बंद कर दिया?

✔ क्या मैं अपना आईडी कार्ड या माता-पिता का संपर्क विवरण ले जा रहा हूँ?

✔ क्या मैंने उचित जूते पहने हैं?

✔ क्या मेरे पास स्नैक और पानी है?

✔ क्या मैंने हेलमेट पहना है (यदि साइकिल चला रहा हूँ)?

✔ क्या मैं तैयार और जागरूक महसूस कर रहा हूँ? हर सुबह सिर्फ 1 मिनट आपके दिन को सुरक्षित रखने में मदद करता है!

"तीन बार पूछने का नियम" यदि कुछ बुरा होता है या ग़लत लगता है:

• किसी वयस्क से मदद मांगें

• यदि कोई नहीं सुनता है, तो किसी और से पूछें

• यदि फिर भी मदद नहीं मिलती है, तो तब तक पूछते रहें जब तक कोई

कार्रवाई न करे जब तक आप फिर से सुरक्षित महसूस न करें तब तक पूछना बंद न करें।
मेरी सुरक्षा प्रतिज्ञा सीधे खड़े हो जाओ, गहरी सांस लो, और दोहराओ: मैं मज़बूत हूँ। मैं स्मार्ट हूँ। मैं सुरक्षित रहता हूँ और दूसरों को सुरक्षित रहने में मदद करता हूँ। मैं अपने सहज ज्ञान को सुनता हूँ। जब कुछ ग़लत लगता है तो मैं ना कहता हूँ। मैं असुरक्षित रहस्य नहीं रखता। मैं विश्वसनीय वयस्कों को बताता हूँ और मदद मांगता हूँ। मैं हर दिन एक सुरक्षा नायक बनूंगा। अब इसे लिखें, सजाएं और अपने कमरे में लटकाएं!

इसे आज़माएं: अपनी सुरक्षा डायरी बनाएँ

एक छोटी नोटबुक में लिखें:

• एक सुरक्षा आदत जिसका आपने आज अभ्यास किया

• एक चीज जिसने आपको गर्व महसूस कराया

• एक नया सुरक्षा तथ्य जो आपने सीखा एक सप्ताह के लिए हर रात इसमें लिखें। अंत में, ख़ुद से पूछें: "क्या मैं एक सुरक्षा नायक के रूप में विकसित हुआ?"

सोचें और विचार करें

• कौन सी सुरक्षा आदतें आपके लिए आसान हैं?

• कौन सी अभी भी याद रखने में मुश्किल हैं?

• आपको हर दिन सुरक्षित रहने में कौन मदद करता है?

• यदि आपके पास कोई सुरक्षा नियम भूल जाता है तो आप क्या करेंगे?

• आप अपने दोस्तों को सुरक्षा आदतों का पालन करने के लिए कैसे प्रोत्साहित कर सकते हैं? अपने उत्तर लिखें या अपने समूह जर्नल में चर्चा करें।

आइए दोहराएं

आइए हमने जो सीखा है उसकी समीक्षा करें:

✔ एक सुरक्षा प्रतिज्ञा सुरक्षित रहने के लिए आपका व्यक्तिगत वादा है
✔ अच्छी आदतें छोटे, दैनिक कार्यों से शुरू होती हैं
✔ सुसंगत रहना आत्मविश्वास पैदा करता है
✔ आप दूसरों के लिए सुरक्षा को मजेदार और सामान्य बनाने में मदद कर सकते हैं
✔ आप बड़ा बदलाव लाने के लिए कभी भी बहुत छोटे नहीं होते हर क़दम, हर पसंद, हर शब्द—महत्वपूर्ण है!

ख़ुद की जाँच करें

A. बहुविकल्पीय प्रश्न

• सुरक्षा प्रतिज्ञा क्या है?

a) एक खेल
b) सुरक्षा आदतों का पालन करने का वादा ✔
c) दंडों की सूची

• यदि आपका दोस्त हेलमेट पहनना भूल जाता है तो आपको क्या करना चाहिए?

a) उन पर हंसो
b) उन्हें विनम्रता से याद दिलाओ ✔
c) इसे अनदेखा करो

• यदि कुछ ग़लत लगता है तो आपको कितनी बार विश्वसनीय वयस्कों से बात करनी चाहिए?

a) एक बार
b) तब तक पूछते रहें जब तक कोई मदद न करे ✔
c) कभी नहीं

• सुबह की अच्छी सुरक्षा आदत क्या है?
a) नाश्ता छोड़ना
b) अपना बैग बंद करना ✔
c) अपनी आईडी भूल जाना

B. सही या ग़लत
• एक सुरक्षा - नायक केवल ख़ुद की मदद करता है। ✗
• आपको असुरक्षित रहस्यों के बारे में बात करनी चाहिए। ✔
• हेलमेट पहनना एक सुरक्षा आदत है। ✔
• बच्चे दूसरों को सुरक्षित रहने में मदद नहीं कर सकते। ✗

C. रचनात्मक कार्य एक "मेरी दैनिक सुरक्षा ढाल" डिज़ाइन करें एक बड़ी ढाल बनाएं और उसे 4 भागों में विभाजित करें:
• एक घर की सुरक्षा आदत
• एक बाहरी सुरक्षा आदत
• एक ऑनलाइन सुरक्षा आदत
• एक तरीका जिससे मैं दूसरों की मदद करता हूँ इसे रंगें, सजाएं और अपनी कक्षा के साथ साझा करें!

पुस्तक से परे

एक पारिवारिक सुरक्षा कैलेंडर बनाएँ अपने माता-पिता के साथ:
• एक सप्ताह के लिए प्रति दिन एक सुरक्षा आदत चुनें
• इसे कैलेंडर पर लिखें
• एक साथ इसका अभ्यास करें (जैसे स्विच बंद करना, सुरक्षित रूप से पार

करना)

• पूरा होने पर सोने के सितारे लगाएं! सप्ताह के अंत में, एक "पारिवारिक सुरक्षा तारा" समारोह आयोजित करें और एक-दूसरे को मजेदार शीर्षक दें

जैसे:

• "हेलमेट हीरो"

• "किचन गार्डियन"

• "आपातकालीन विशेषज्ञ" एक साथ सुरक्षा का जश्न मनाएं!

सारांश

" सुरक्षित रहें, स्मार्ट रहें – आपकी सुरक्षा पुस्तिका" एक संपूर्ण और बाल-मित्र गाइड है जो कक्षा 3 से 8 के छात्रों को जीवन के हर क्षेत्र में व्यक्तिगत सुरक्षा को समझाने के लिए तैयार की गई है। यह पुस्तक राष्ट्रीय शिक्षा नीति 2020 और राष्ट्रीय पाठ्यचर्या रूपरेखा 2023 के अनुरूप है और बच्चों को रोज़मर्रा की और आपातकालीन स्थितियों में स्वयं की सुरक्षा करने के लिए आवश्यक ज्ञान, कौशल और आत्मविश्वास देती है।

इस पुस्तक में घर पर, बाहर, इंटरनेट पर, आपातकाल में, और अजनबियों के साथ बातचीत में कैसे सुरक्षित रहें, यह विस्तार से समझाया गया है। यह बच्चों को अच्छे और बुरे स्पर्श में अंतर सिखाती है, 'ना' कहने का साहस देती है, और यह भावना विकसित करती है कि बच्चे केवल ख़ुद के लिए नहीं, बल्कि दूसरों के लिए भी सुरक्षा - नायक बन सकते हैं।

कहानियों, चेकलिस्ट, चिंतनशील प्रश्नों और गतिविधियों के ज़रिए, यह पुस्तक बच्चों में सुरक्षित आदतें, मज़बूत अंतर्ज्ञान, और सहानुभूति से भरी सोच विकसित करती है। प्रत्येक अध्याय अनुभवात्मक शिक्षा, आलोचनात्मक सोच, और 21वीं सदी के जीवन कौशलों पर आधारित संरचित प्रारूप में लिखा गया है।

सुरक्षा केवल नियम नहीं – यह जीने का तरीका है।
हर बच्चे को सुरक्षित महसूस करने का अधिकार है, और यह हैंडबुक उस दिशा में एक सार्थक और आनंददायक कदम है।

सुरक्षा शर्तों की शब्दावली

शब्द	अर्थ
आपातकाल	एक अचानक स्थिति जिसमें सुरक्षित रहने के लिए त्वरित कार्रवाई की आवश्यकता होती है
सहज ज्ञान	एक प्राकृतिक भावना कि कुछ सही या गलत है
विश्वसनीय वयस्क	एक बड़ा व्यक्ति जिसे आप अच्छी तरह से जानते हैं और जिससे बात करना सुरक्षित महसूस करते हैं
प्राथमिक उपचार	डॉक्टर के आने से पहले दी जाने वाली पहली मदद
बुरा स्पर्श	कोई भी स्पर्श जो आपको डरा हुआ, असहज या भ्रमित महसूस कराता है
सुरक्षा घेरा	लोगों का एक समूह जिन पर आप भरोसा करते हैं और मदद के लिए जा सकते हैं
दर्शक प्रभाव	जब लोग मदद नहीं करते क्योंकि वे सोचते हैं कि कोई और कार्रवाई करेगा
अजनबी खतरा	यह विचार कि अज्ञात लोग कभी-कभी असुरक्षित हो सकते हैं
ऑनलाइन ग्रूमिंग	जब कोई इंटरनेट के माध्यम से आपको छलने या हेरफेर करने की कोशिश करता है
शारीरिक सुरक्षा	अपने शरीर और भावनाओं को सुरक्षित रखने के लिए अपने अधिकारों और नियमों को जानना

पुस्तक से परे – वास्तविक जीवन सुरक्षा परियोजनाएँ

यहाँ सीखने को पृष्ठों से आगे बढ़ाने के लिए मज़ेदार और व्यवहारिक विचार दिए गए हैं!

1. मेरे पड़ोस का सुरक्षा मानचित्र अपने पड़ोस का एक बड़ा चित्र बनाएं:

- अपने घर, स्कूल, दुकानों, पार्कों को चिह्नित करें
- सुरक्षित रास्ते, ज़ेब्रा क्रॉसिंग और खतरे वाले क्षेत्रों को दिखाएं
- सुरक्षा संकेत और लेबल जोड़ें इसे स्कूल सुरक्षा सप्ताह के दौरान प्रस्तुत करें!

2. एक सुरक्षा गीत या रैप बनाएँ सुरक्षा कीवर्ड का उपयोग करके एक आकर्षक 4-लाइन गीत या रैप लिखें:

- सड़क, हेलमेट, आग, सुरक्षित, ऑनलाइन, नहीं, अजनबी
- इसे असेंबली के दौरान प्रस्तुत करें या एक छोटा वीडियो रिकॉर्ड करें!

उदाहरण: "देखो बाएँ, देखो दाएँ, सावधानी से पार करो, अजनबियों से कहीं भी ना कहो!"

3. एक DIY प्राथमिक उपचार किट बनाएँ वयस्क की मदद से, प्राथमिक उपचार के सामान इकट्ठा करें और प्रत्येक को लेबल करें:

- बैंडेज, गॉज, एंटीसेप्टिक, थर्मामीटर

- उपयोग के नोट्स या इमोजी स्टिकर जोड़ें
- इसका उपयोग करने का अभ्यास करें (मार्गदर्शन के साथ)

4. शारीरिक सुरक्षा कॉमिक स्ट्रिप एक 4-फ्रेम कॉमिक ड्रा करें जिसमें दिखाया गया है:

- एक खराब स्पर्श की स्थिति
- बच्चे को कैसा महसूस होता है
- वे कैसे बोलते हैं
- एक विश्वसनीय वयस्क कैसे मदद करता है जागरूकता बढ़ाने के लिए

इसे दोस्तों और परिवार के साथ साझा करें।

5. पारिवारिक सुरक्षा सप्ताह चुनौती हर दिन, एक साथ एक कार्य करें:

- आग बुझाने का अभ्यास करें
- आपातकालीन संपर्कों की समीक्षा करें
- स्कूल तक सबसे सुरक्षित रास्ते पर चलें
- बिजली और गैस सुरक्षा की जांच करें
- एक साथ सुरक्षा प्रतिज्ञा लें प्रत्येक परिवार के सदस्य को "सुरक्षा सितारे"

से सम्मानित करें!

www.ingramcontent.com/pod-product-compliance
Lightning Source LLC
LaVergne TN
LVHW100601051026
849519LV00003B/1054
* 9 7 8 9 3 7 1 2 2 2 2 3 5 *